死ぬまで上機嫌。

弘兼憲史

ダイヤモンド社

はじめに

戦後すぐの第1次ベビーブーム（1947〜1949年）に生まれた僕と同年代の「団塊の世代」が、いよいよ70代に突入しました。2025年になれば全員が後期高齢者（75歳）の年齢に達します。

僕は『黄昏流星群』という作品で、中高年の恋愛を中心とする人間模様を描きましたが、そろそろ黄昏時も過ぎ、本格的にゴールを意識する時間帯に入ったという感じでしょうか。

「ゴール」とは、いうまでもなく旅立ち、「死」にほかなりません。

誰もが逃れようのない死という終着点に向かって、日々待ったなしで歩みを続けている。そのことは前々から理屈の上でわかっていたのですが、40代や50代の頃は、まだ死をどこか他人事ととらえていたような節がありました。

ところが60代を迎えた頃、闘病生活を送っていた友人や知人の訃報を耳にする機会が増えるにつれ、死がだんだん身近なものに感じられるようになってきました。

「他人事じゃない、明日は我が身だ」

そう自分にいい聞かせる一方、具体的な準備はというと、なおざりになっていました。やはりどこかで元気な自分に自信があったのかもしれません。

70代の階段を一歩ずつ上り始めた今、長期的な計画を立てて何かを進めていくような右肩上がりの生き方とは違う、もっと別の生き方を求めようとする気持ちが強くなっています。

「残された時間で自分に何ができるか」
「誰とどのように暮らすのが本当の幸せなのか」
「どこでどういう状態で最期を迎えるのか」

そういった問題に向き合い、一つひとつ納得できる答えを見つけていく時期に来ているような気がしてなりません。「起承転結」でいえば、「結」のストーリーを描くことが求められている。そんな感覚です。

死を現実のものとして感じているのは、年齢的な理由だけでなく、昨今の社会情勢によるところも大きいです。

２０１１年には東日本大震災が発生し、２０２０年は新型コロナウイルスの感染拡大を経験するなど、僕たちは「いつ死んでもおかしくない」という状況を目の当たりにしています。

果たして僕があとどれくらい生きるのか、確実なことなんてわかりません。ただ、いつ死ぬかわからないからといって、怯えてばかりいても仕方がないのです。

いつ死ぬかわからないと自覚したうえで、今を大切に生きるしかありません。今、この瞬間を生きているという事実に感謝しつつ、1秒1秒を噛みしめ、人生を味わい尽くしたいのです。

この本で僕は、団塊の世代の「死に様」について、テーマごとに思うところを語っています。

自分にとって理想の死に方を考えることは大事ですが、思った通りにならないのも、また人生でしょう。望んでいたのとは違う事態に直面することも、きっとあるはずです。

どんな状況を目の当たりにしても「まあ、これでいい」「こういうこともあるだろう」と鷹揚に受け入れられる自分でいたい。そして、死ぬまで上機嫌でいたい。

「そのとき」が来るまで、読者のみなさんが存分に人生を全うされるヒントを本書で語っていきたいと思います。

弘兼憲史

序章

いよいよ死に支度

人生はゴールがわからないからおもしろい

振り返ってみると、僕は幸せな人生を歩んできた。そう思います。

日本が右肩上がりの時代に社会に出て、右肩上がりの好景気だった頃の空気も吸い、好きな漫画の仕事を長く続けることができ、仕事仲間や家族にも恵まれ、不自由のない生活を送ってきました。

もちろん、自分一人ですべてを成し遂げたとは思っていません。ただ、幸運が積み重なった70年という月日の流れに、心の底から感謝するばかりなのです。

その中で、**唯一僕が守り通してきたものがあるとすれば、「やりたいことはやったほうがいい」というスタンスです。**

70歳をすぎた今、自分がやりたいことを追い求める意欲は衰えるどころか、ますます「やりたいことはやっておこう」と前向きに考えるようになっています。

人生はたった一度きり。やり残したことを「ああすればよかった」と思い返すくらいなら、「これはやっておこう」と前を向いたほうがいい。そうじゃないですか。

人生のおもしろさとは、それに不可思議さとは、「ゴール」（つまり死）を迎えるのは確実であるのに、そのゴールがどこにあるのか見当がつかないところです。

もし、人生がマラソンコースのようだったら、どうでしょう。

「あと10年でゴール、あと5年、あと3年……」という具合に、確実にゴールが見えているので、ゴールに備えて計画的に物事を進めていくことができます。

けれども、実際には、ゴールの位置をはっきり見通せるわけではありません。

平均寿命などのデータを見れば、なんとなく「90歳くらいまで生きるかもしれない」と思えるかもしれないですが、実際には100歳まで生きる可能性もありますし、明日寿命を迎える可能性だってあります。

前者は42・195kmを超えて、さらに先のゴールを目指して走り続けるようなイメージであり、後者は30kmくらいで突如、道をさえぎられるようなものです。

人生というマラソンでは、誰もがゴールを予期できるわけではありません。でも、だからこそおもしろいのです。不透明なゴールテープを目指して、自分の好きなようにマイペースで進んでいけばよいのです。

もはや失敗を恐れる意識も薄れています。

若いときの失敗は身に応えます。失敗したら二度と立ち上がれないかもしれないと不安になり、一歩を踏み出す勇気を失いがちでした。

でも、僕たちの世代は、すでに失敗に対する免疫ができています。今さら、小さい失敗を一つや二つしたところで、どうってことはありません。

過ぎ去ってしまえば、失敗はむしろ長い人生に彩りを与えるちょっとしたアクセントのようなもの。たいがいは「ああ、そんなこともあったな」と笑い飛ばせるものばかりです。

だから、失敗を恐れて自嘲する心配なんてなく、やりたいことができます。

とはいえ、ひとつだけ間違えてはいけない注意点があります。

「やりたいことをやる」というのは、「我がままに生きる」というスタンスとは違うということ。

「今まで家族のため、会社のために粉骨砕身働いてきたのだから、誰に何といわれようと好き勝手にやらせてもらう」

そんな理屈で、好き放題に振る舞うが如く、家族や周囲の人たちに尻拭いをさせているシニアもいるようです。

確かに高齢者が頑張って世の中に貢献してきたのは事実であり、敬われてしかるべきですが、「頑張ってきたのだから、どんな我がままでも許される」と思うのは、勘違いにもほどがあります。

人に迷惑をかけながら好き放題をやったら、確実にみんなから嫌われます。嫌われながら人生を終えていくなんて悲しいし、情けないですよね。

大切なのは、他人に迷惑をかけないということ。人に不利益を与えない範囲で好きなように生きる。ここが忘れてはならない、大切なポイントです。

「媚びない」と「嫌われない」を両立させる

知っておかなければならないのは、高齢者の前向きな姿勢を温かく受け入れてくれるほど、世間は甘くないということです。世の中、高齢者にやさしい人ばかりではありません。むしろ高齢者は疎んじられる存在なのです。

高齢者は、働かずにお金を使う、見た目が汚くて醜い、がまんがきかず切れやすい……。ちょっと悲しいですが、現実にはさんざんな思われようです。

だからといって、文句をいっても始まりません。自分だってその昔は、年寄りの気持ちなどこれっぽちも考えずに、若さをただただ謳歌してきたのですから。

自分が高齢者になってみないと、高齢者の本当の気持ちなんてわかりません。人間というのは、そういうものです。

ただでさえ高齢者は嫌われやすい。まずは、そう自覚する。重要なのは普段から嫌われないように心がけることです。僕自身、できるだけ「嫌われないじいさん」

になろうと努めています。

例えば、病院に入院中の二人の高齢者がいるとしましょう。

Aさんは、看護師のいうことをまったく聞き入れず、何かにつけて「ああだこうだ」と病院側の対応に正論めいた文句をつけています。

現役時代に大手総合商社のエリートサラリーマンだったという自負もあり、過去の自慢話をすることもしばしばです。

一方のBさんは人当たりがよく、看護師さんにも丁寧に接しています。「○○さん、いつもありがとう」「少しは自分が休むことを考えてくださいね」などと、ことあるごとに重労働の看護師さんを気遣い、労いのやさしい言葉をかけています。

さて、ある日同時にAさんとBさんが危篤になりました。病院には人手が足りず、二人を同時にケアする余裕はありません。果たして病院側はどちらを優先的に治療を受けさせようとするでしょうか？

いうまでもなく、Bさんのほうですよね。

もちろん、これは極端な例です。ただ、実際に介護施設で働く方に話を聞くと、やはり人当たりのよいお年寄りのケアには力を入れてしまうと、正直な気持ちを語っていました。それが自然な人間の感情でしょう。

嫌われ者は損をします。

損をしたくなかったら、嫌われないようにするのが得策です。

嫌われないといっても、必要以上に若者に媚びる必要などありません。唯々諾々と相手のいうことを受け入れるわけでもなく、かといってむやみに逆らわず、穏やかに振る舞うだけでいい。

「逆らわず、いつもニコニコ、従わず」

これは、産婦人科医で「日本笑い学会」副会長である昇幹夫さんの言葉であり、僕自身のモットーとしている至言です。

自分の考えと食い違うことがあっても、いちいち逆らったり従わせようとしたりはせず、ニコニコ笑いながら尊重する。

かといって全面的に相手のいい分に従うのではなく、いったんは受け入れて自分の頭で考えつつ、納得できるところだけ聞き入れればいい。

「逆らわず、いつもニコニコ、従わず」こそが、高齢者にとっての最善の選択だと思います。

ふだんから笑顔で周りの人に心を開いておけば、どうしても譲れない局面で従わなくても、「あの人ならしょうがないな」と思ってもらえるはずです。

ダメな年寄りの振り見て我が振り直せ

僕たち高齢者が快適に生きるためのキーワードは「謙虚」、ということです。今さら小さな虚栄心を満たすために威張ったり、上からものをいったりしても、なんの得にもなりません。嫌われ、疎んじられるのがオチです。

古くから「実るほど頭を垂れる稲穂かな」といわれます。稲が成長して実が入ると、重さによって実の部分が垂れ下がってくる。その様子になぞらえて、学識や人徳が深まるほど謙虚になること、あるいは、その戒めとして使われる言葉ですね。

僕は仕事柄、雑誌・ラジオの取材や食事会などで、経営者や政治家など社会的地位が高い人にたくさんお目にかかってきました。そうやって実際に僕が見聞きしてきた範囲でも、**社会的地位がある偉い人ほど、謙虚な態度を取ります。**

会話している途中でも、店員さんに「お願いします」「ありがとうございます」などと丁寧な言葉遣いをしている姿を頻繁に目にするのです。

偉い人であればなるほど、謙虚な態度を取ったときにギャップを感じさせます。

「あの人、全然偉そうにしていない。なんて腰が低いんだろう」

このように恐縮しつつも好感度が上がり、ますます株が上がります。「あの人、本当に腰が低くていい人だったよ」なんていうふうに、口コミで評判も広がることでしょう。もう、謙虚な振る舞いには得しかありません。

反対に、年を取って横暴さと傍若無人さに拍車がかかる人は多いです。

新型コロナウイルスの感染が拡大する前ですが、僕は仕事でファミレスをよく利用していました。すると高齢者夫婦、その子どもや孫たちとの家族連れが食事をしているシーンをよく見かけました。

総じて息子世代は「○○をお願いします」などと丁寧に話しているのに、高齢男性の場合、「オレは客なんだ」といわんばかりの態度で「水くれ！」「おい、お姉さん！」などと上から目線の命令口調で、店員さんに接する姿が目立つのです。

また、若い女性の店員さんに、なれなれしく接している高齢者の姿も目撃します。顔見知りの関係で軽い雑談をするくらいならいいのですが、明らかに店員さんの仕事の邪魔をしてまで、つきまとっているケースさえあります。

きっと家庭では誰からも相手にされず、お客としてにこやかに応対してくれる店員さんに甘えているのでしょう。**傍目から見ると、ただの迷惑なジジイです。**

あるとき、お店にタッチパネル式のセルフ注文端末が導入され、画面に表示されたメニューを自分で操作して注文するシステムに変わっていました。

若い人たちは難なくタッチパネルを操作して注文できるのですが、機械に疎い年寄りには、戸惑う様子も見られます。

中には、「これじゃ注文できない！　上の人間にいってやめさせろ！」と怒っている高齢男性もいました。黙って聞き続ける若い店員さんは、悲しそうな顔をしていました。もちろん彼女に罪はありません。

慣れない情報端末の操作に戸惑う気持ちはよくわかります。人間は、年を取ると変化に弱くなるものです。でも、わからなければ、素直に頭を下げて教えてもらえばいいだけじゃありませんか。

「すみません。注文の仕方がわからないので、教えていただけますか？」

謙虚にお願いをすれば、邪険に扱われることはないはずです。

傍若無人に振る舞う高齢者は、自分が周りの人からどう見られているかという視

点を完全に失っているのだと思います。

他人がやっていることだと「いい年をして、立場の弱い若い娘さんに大声を上げるなんて、みっともない」と気づくはずですが、自分のこととなると途端に見えなくなってしまいます。

自分のことばかり考えていて、客観的なモノサシが働かないのです。この余裕のなさは、いい年の取り方とはいえません。

新型コロナでマスク不足が問題となったとき、ドラッグストアで店員さんに「どうなっているんだ！」と詰め寄る高齢者がいると報じられました。

こんな高齢者が増えると「高齢者全体が社会のお荷物である」みたいな偏見も、ますます助長されかねません。

とにかく、「ダメな年寄りの振り見て我が振り直せ」です。どんなに年下の人が相手でも、敬語を使って話すくらいでちょうどいいのです。

8割の人は認知症で晩年を生きることになる

ここ数年、「人生100年時代」という言葉を頻繁に耳にするようになりました。「人生100年時代」が、流行語大賞にノミネートされたのは2017年のことです。政府も「人生100年時代構想会議」を設置し、人生100年時代を見据えた議論が活発化しています。

人が100歳まで当たり前に生きるようになると、どうなるのか。

日本でもベストセラーとなった『LIFE SHIFT――100年時代の人生戦略』(リンダ・グラットン、アンドリュー・スコット著/東洋経済新報社)という本では、人生100年時代が到来すると、「ライフステージ」が大きく変わると予想しています。

例えば、時代の変化とともに、若いときに身につけた知識やスキルが通用しなくなるので、一生のうちに何度も違う職種を経験するようになる。80代になっても当たり前のように働くなどです。

同書には「２００７年にアメリカやカナダ、イタリア、フランスで生まれた子どもの50％は、少なくとも１０４歳まで生きる見通しだ。日本の子どもにいたっては、なんと１０７歳まで生きる確率が50％ある」と書いてあります。

ただ、僕ら団塊の世代に限っていえば、元気に１００歳を迎える人は一部にとどまると考えています。

僕がお世話になっている主治医の先生は、「90歳を超えると、どんなに健康な人でもガタッと衰えがくるものだ」と話していました。

１００歳まで生きる人でも、90代までゴルフやお酒を楽しめる人はごく一部であり、８割は認知症の状態で晩年を生きることになるというのです。

確かに僕の周りを見回しても、大きく外れていない指摘だと思います。

僕の父親は88歳で亡くなりました。

母親は今97歳で、大阪の介護施設に暮らしています。といっても、認知症を抱えており、「人生１００年時代をエンジョイしている」という感じではありません。

僕が母親を訪ねると、だいたいは下を向いたまま、微動だにせず座っています。テーブルに同じようなおばあちゃんが3～4人、会話をするでもなく、ただ下を見て座っているのです。

あんなにおしゃべり好きだった母の黙っている姿を見るのは、息子としてなんとも寂しいものです。

仮に100歳まで生きられたとしても、自力で歩くことができず、自力で食べたり飲んだりできない寝たきりや認知症の期間が長く続いてしまったら、本当に充実した人生を生きているとはいえないという問題があります。

「健康寿命」という言葉があります。これはWHO（世界保健機関）が提唱した指標で、平均寿命から寝たきりや介護状態の期間を差し引いた年齢のことです。要するに、日常生活に支障がなく健康的に生活できる最高年齢を表しています。

日本の健康寿命は、男性72・14歳、女性74・79歳（2016年）。平均寿命（男性80・98歳、女性87・14歳）と比較すると、男性はおよそ9年、女性は12年近い開きが

あります。

この数字を見ると、２０２０年9月に満73歳になる僕は、まさに健康寿命の終わりに差し掛かっていることになります。

幸いなことに、今のところはゴルフを楽しめる程度には元気ですし、毎日買い物をして、食事を味わうこともできています。

あとはどれだけ自分の健康寿命を延ばすことができるか。自分にできる努力をしていこうと思っています。

仕事中に死ねるなんてうらやましい

では、健康寿命の先にある「自分の最期」はどう考えるべきか。

理想をいえば、健康寿命と実際の寿命を同じにしたい。

つまり、死ぬまで元気な人生をまっとうしたい。

「病気に苦しむことなく元気な生活を送り、最期はあっけなくコロリと逝く」

こんな生き方・死に方をあらわす「ピンピンコロリ」は、高齢者の理想とされています。ピンピンコロリは、頭文字のローマ字表記から「ＰＰＫ」と略されることもあります。

ピンピンコロリという言葉は、１９８０年代に長野県で生まれました。長野県佐久市には「ぴんころ地蔵」という観光スポットもあり、健康長寿のシンボルとして親しまれています。

僕に限らず、誰だって寝たきりになったり、長い闘病生活を送ったりするのは避けたいですから、ぴんころ地蔵にすがりたくなる気持ちも理解できます。

漫画の世界で「ピンピンコロリ」というと、真っ先に思い浮かぶのは、僕の大先輩であり、世界的な人気漫画『ドラえもん』の作者である藤子・Ｆ・不二雄さんです。

聞くところによると、藤子さんはペンを持ったまま机に突っ伏した状態で意識を失っていたそうなのです。

ご自宅の2階で仕事をされていて、ご家族が夕食の準備ができたことを伝えたときには返事があったそうです。しかし、それから時間が経ってもいっこうに食卓に来なかったので、お嬢さんが呼びに行ったところ、異変に気づいたそうです。

死因は肝不全、62歳というあまりに若すぎる最期でした。

藤子さんのケースは、現役バリバリでの突然死。もっと長生きをされたらたくさん素晴らしい作品を残しただろうと考えると、残念に思います。

早すぎるとは思いながらも、「仕事中に死ねるなんてうらやましいな」とどこかで思ってしまう自分もいます。

僕も、ペンを握ったまま苦しまず机の上で息を引き取り、完成目前だった作品が未完の絶筆になる……みたいな最期を夢想することがあります。

ペンを握っているということは、死の直前まで意識を保って仕事をしていたということ。入院して何年もベッドの上で苦しみ、たくさんのチューブにつながれ、褥《じょく》瘡《そう》に悩まされながら最期を迎える人が多い現状からすると、それはそれで理想的な最期だと思います。

あるいは、ゴルフ場でプレー中に事切れるというのもいいですね。周りの人はビックリするでしょうし、ゴルフ場の方には迷惑かもしれませんが……。

実際に、ゴルフ場で亡くなる方はいるようで、パター中が多いという話を聞いたことがあります。特に、炎天下で下を向いてパターに集中しているときに、心不全を起こしてバッタリ倒れてしまうのだそうです。

キャディーさんが普段、ゴルフバッグを積んでいるカートは、倒れた人を搬送することもできるように設計されていると教えてもらいました。ずいぶんよくできているものだと、感心するばかりです。

それはともかく、ピンピンコロリで人生を閉じることができたら、最高のフィナーレだと胸を張っていいと思っています。

「まあ、これでいいか」と思える人生

ピンピンコロリであの世に行くのが理想ですが、実際のところは、そううまくはいきません。

自分の家族や親類、友人や知人で、ピンピンコロリで亡くなったという話を聞いたことがあるでしょうか？　ほとんど聞いたことがないのが実情ではないでしょうか。ピンピンコロリは、そのくらい珍しい死に方なのです。

「死ぬ寸前までピンピンしている」というと、たいていは自殺や交通事故などによる突然死を意味します。これは理想のピンピンコロリとは、まったく別物です。

僕自身、ピンピンコロリを目指したいとは思っていますが、一方で「現実はそううまくいかないものだ」と冷静に割り切って（どこかあきらめて）いる自分もいます。

実際には、足腰が衰えて自由に外出できなくなり、排泄が困難になり、食べることに不自由し、やがて枯れるように死んでいくことになるのかもしれません。

身体的な機能が下降するように衰えていくのは避けられないとして、できるだけ静かで穏やかに人生を終えられればいいと思っています。

なんとなくですが、僕は運良く長生きできたとしても、90歳くらいが御の字だと思っています。となると、残された時間は、あと20年弱という計算になります。平均寿命の81歳で死ぬとすれば、あと10年弱。あるいは、もっと早く死ぬ可能性だって十分に考えられます。コロナ禍であっけなく命を落としてしまった方々もいますから、明日死んでも不思議ではないのです。

仮に平均寿命の81歳で死ぬとすると、その3年前くらいから自由に動き回るのは難しそうだから、現実に動き回ることができるのは、あと6年くらいかもしれません。そこから逆算すれば、「何ができるか」「何をあきらめるか」について考えられるようになります。

事細かに計画を立てる必要はないですが、静かで穏やかに最期を迎えるプランを自分の頭の中でイメージしておくことが大切です。

いずれにしても、死というのは恐れるべきものではなく、祝福すべきゴールだと思います。

人は生まれてから、いつかは必ず死ぬという宿命を背負って生きています。寿命の長短にかかわらず、生きている間にやるべきことをやりきり、最終的には笑顔でゴールテープを切りたい。

死ぬ間際に後悔するのだけは、まっぴらごめん。今際の際に「まあ、こんな人生でよかったんじゃないの」と思えるのが理想です。

人生は自分の考え方しだいであり、それは死を迎えるにあたっても同じです。苦労の多い人生だったとしても、「まあ、これでいいか」と思えれば、すべては万事解決。終わりよければすべてよし、です。

第1章

妻に依存しすぎるな

夫は存在するだけでストレス!?

「妻が亡くなったら、気落ちしたせいか夫の元気がなくなり、後を追うようにすぐに亡くなってしまった」

身近でこんな話を聞いたことはありませんか？　一方で、夫を早くに亡くしたおばあちゃんが、一人で長生きしているというのはよくある話です。

そういえば、プロ野球解説者の野村克也さんは、妻の沙知代さんが２０１７年に亡くなられて以降、めっきり衰えた姿が報じられていました。野村さんご本人も、愛妻に先立たれて心の支えを失ってしまったと、自著やインタビューで繰り返し語っていました。

野村さんは、妻の沙知代さんから遅れること2年2か月後の２０２０年2月に逝去されました。

一方、人気ドラマ『渡る世間は鬼ばかり』の脚本家で、現在95歳の橋田壽賀子さんは、64歳のときに当時60歳だった夫と死別しています。以来、30年以上ひとり暮らしをされているそうです。

こうした事例からしても、なんとなく配偶者が亡くなると男性は早世して、女性は長生きするような印象があります。

実は、統計的にもこうした印象の正しさが、ある程度証明されています。

社会疫学者の近藤尚己さんの調査によると、基本的には男女ともにパートナーに先立たれると、早く死亡してしまう傾向があるといいます。

パートナーがいる人と比較して、パートナーと死別した人は、死別から半年後までに死亡する率が41％高いという結果が出ています。

半年が経過すると死亡率は下がるものの、やはりパートナーがいる人よりも死別した人のほうが死亡率が14％高くなっています。

男女別の調査を見ると、男性の死亡率が23％高くなるのに対して、女性は4％の増加にとどまります。データ上からも、明らかに女性のほうが配偶者が亡くなった後に長生きすることがわかります。

もう一つ、以前、僕が精神科医のお医者さんから聞いた興味深い話があります。

先生がおっしゃるには、人が認知症になると、物忘れの症状があらわれる過程で、自分にとってつらい体験の記憶から忘れていくのだそうです。本能的にイヤな記憶は早く忘れ去ってしまい、楽しい記憶を保持し続ける傾向があるというのです。

この忘却の過程には男女差があり、男性は認知症が進行しても比較的後々まで自分の妻の名前を覚えているのに対して、女性は夫の名前を真っ先に忘れてしまうといいます。ちょっとした笑い話のようですね。

「夫が死んでも、妻は長生きする」

「認知症になった妻は、夫の名前をすぐに忘れてしまう」

これらの事実から解釈できるのは、リタイアして働かずに家に居続ける夫の存在は、妻にとってそれほどありがたいものではなく、むしろストレスであるということだと僕は思うのです。男にとっては悲しい限りですが、これが現実です。

夫は、妻が自分に対してどういう感情を持っているのかを冷静に想像する必要が

あります。そして、自分自身がストレスのもとになっているという事実を直視しなければなりません。

男性の中には、長年自分が家族を養ってきたという自負からか、リタイアして何年も経っているにもかかわらず、いつまでも妻に対して横柄に振る舞っている人がいます。

「風呂沸かしてくれ」「メシちょうだい」「お茶をくれ」などと、エラそうな態度で指図する。こんな態度をとり続けていたら、妻のストレスのもとになり、愛想を尽かされるのは当たり前です。

こうした横柄な態度は、妻に対する甘えでしかないのです。

「長年寄り添ってきたのだから、夫婦は強い絆で結ばれている」

「夫婦は仲良く、同じ時間を共有するもの」

こうした考えは、男性による一方的な思い込みにすぎません。夫婦の認識の違いがトラブルの原因になると知っておくべきです。

妻とはつかず離れず

妻から嫌われず、良好な関係を維持していくうえで、重要なポイントがあります。夫婦間でお互いに一定の距離を保つことです。

夫婦だからといってベタベタくっついたり、相手の行動に干渉したりしても、何ひとついいことなどありません。妻のテリトリーを尊重し、みだりな侵入を慎むべきなのです。

まさに「親しき仲にも礼儀あり」です。例えば、奥さんが出かけようとするのを見て「おい、どこに行くんだ?」「誰と一緒なんだ?」「何時に帰ってくるんだ?」などとしつこく詮索し、挙げ句の果てには「メシの時間までには帰ってこいよ」などと命令口調でいい放つ。

振り返ってみると、「自分も同じことをしていた……」という男性も多いのではないでしょうか。しかし、これは最も避けるべき最悪の言動です。奥さんにとっては余計なお世話であり、煩わしいことこの上なし、なのですから。

僕たち団塊の世代の男性の多くは、現役時代には「仕事人間」として、家庭をほとんど顧みない生活を送ってきました。過去に苦労をかけたことに関して、申し訳なく感じている人も多いかもしれません。

だからこそリタイア後は、贖罪《しょくざい》の気持ちもあいまって、できるだけ妻と過ごす時間を増やそうと考えがちです。

「やっと暇になったから、二人で海外旅行に行こう」「これからは夫婦一緒の趣味でも見つけて楽しもうじゃないか」なんてことをいい出すわけです。

ところが、これが妻にとっては迷惑であり、本音をいえば、夫と一緒に過ごす時間をそこまで増やしたいとは思っていないのです。

オンライン旅行会社のエクスペディアジャパンが60代、70代のシニア世代の男女を対象に行ったアンケートがあります（２０１４年）。これによると、旅行に行くとき「妻と行きたい」と回答した男性は約90％に上りましたが、女性は46％が「友人と行きたい」と回答しています。

夫が妻に依存する傾向が強いのに対して、妻は夫以外にもさまざまな人間関係を上手に作っている現状がよくわかります。

女性には女性の人づき合いがあるのですから、そこには踏み込まない自制心を持つことが大切です。それよりも、夫婦それぞれの交友関係を楽しんだほうが、家庭の平和が保たれるというものです。

ときどき暇を持て余した夫が、奥さん同士のグループに顔を出したがるケースが見受けられます。顔を出したいというより、居場所がないので、金魚のフンみたいにくっついてくるといったほうが正解でしょうか。

女性のグループに一人だけ男性が加わると、女性たちは気を遣って会話が弾まなくなります。かといって、完全に無視するわけにもいかないので、つまらない時間になってしまいます。

これは逆の立場を考えれば、すぐにわかるはずです。

僕も友人同士でゴルフをしたとき、一組だけ夫婦で参加した人がいました。

しばらくすると、慣れない奥さんのプレーに、旦那さんがイラついてきました。

「いや、そうじゃない！」「こうだろう！　何やっているんだ！」

旦那さんの言葉は、徐々にとげとげしいものになっていきます。

そんなピリピリムードがしばらく続いたあと、ついに奥さんのほうがブチギレました。

「うるさい！　もういいから、あなたは黙っててよ！」

周りにいた僕たちは、何もいうことができず、無言でプレーを続けるしかありませんでした（笑）。結局、誰も楽しめないまま、1日を過ごすことになったのです。

やはり、夫婦はなるべく別々に過ごし、お互いに適度な距離を保ちながら生きていくのが一番。もちろん一緒の趣味を楽しむことがあってもいいですが、ベタベタしすぎるとロクなことがないのは断言できます。

料理くらい、自分で

団塊の世代における夫婦の年齢差は、初婚時でおよそ2～3歳。順当に考えれば、多くの家庭で先に夫が要介護状態となり、妻が介護をして夫を看取り、その後、残された妻が一人で生きていく可能性が高いです。

ただし、中には妻が大病を抱え、先に亡くなってしまう場合もあるでしょう。あるいは妻が亡くならないまでも、入院したり、寝たきりになったりする可能性もあります。

その状態が長期化すれば、当然、家事のすべてを夫が引き受けなければなりません。子どもと同居している場合は、ある程度分担できるかもしれませんが、それほど都合よくいかない場合も多いはずです。

そうなると大きな問題となるのが、食事です。数日であれば、コンビニ弁当や外食、デリバリーでなんとかなっても、長期にわたれば経済的な負担も大きくなりますし、そもそも健康的とはいえません。

そう考えると、これといって料理をしていない男性は、今からでも料理を習得するべきです。自炊ができれば、節約と健康維持にも役立ちます。

まずは、奥さんに低姿勢でキッチンを使わせてもらう交渉から始めましょう。

キッチンは、奥さんの使い勝手が良い仕様になっているはずです。

形から入る男は多いので、包丁やまな板を買い替えたりするところから始めがちですが、いきなり配置や道具に手を入れたらトラブルを招くのは必至です。

そうではなく、「これから先を考えて、オレも料理を身につけておきたいから、キッチンを使わせてほしい」「料理を教えてほしい」などと低姿勢で切り出してみましょう。

もしかしたら奥さんは、煙たそうな反応を示すかもしれません。

「どうせ洗い物はほったらかしなんでしょ」「あなたが使うと散らかるからイヤ」

などといわれることもあるでしょう。

ここで間違っても「オレが建てた家なんだから、キッチンを好きに使って何が悪い」などと反論しないでください。反対に三行半を突きつけられるのがオチです。

まずは実績を上げながら、信頼を勝ち取っていくのが一番です。これは会社勤めをしていたときと同じことです。

「これからは洗い物を手伝うよ」「買い物があるならオレが行ってくる」などと提案しながら、奥さんの負担軽減を試みます。

ある程度、実績を積み重ねて認めてもらったうえで、週に一度でも料理をする機会を獲得しましょう。最初はインスタントの袋麺にネギを刻んで入れるだけでもいいです。

そこから料理の腕を上げて、いずれさばの味噌煮でも涼しい顔で作ることができるようになれば、案外、夫婦のコミュニケーションが深まるようにも思います。

難しく考えなくていい

僕は大学卒業後、松下電器産業（現パナソニック）に3年間勤務した後、会社を辞めて漫画家の道を歩んできました。ところが、実はプロの料理人になろうと思ったこともあるくらいの料理好きでもあります。今も事務所スタッフにまかない料理を作ったり、友人や知人が集まってワイワイやるときも料理を振る舞ったりします。**食材の買い出しも自分でします。買い物をするときから何を作ろうかと頭を働かせます。料理は「段取り」そのものですから、脳トレにも通じるのです。**

料理をしない人には、「料理は面倒くさくて難しそう」という先入観があるかもしれません。しかし、何も難しく考える必要はありません。

最初から気負わなくても大丈夫です。カレー作りなんて、やってみれば簡単ですから、ぜひ作ってみてください。

慣れない人はジャガイモやニンジンの皮をむくのが、面倒に感じられるかもしれませんが、ピーラー（皮むき器）を使えば、あっという間です。むしろ、クセになるおもしろさがあります。

ジャガイモ、ニンジン、タマネギを適当な大きさにザク切りして、水とともに鍋で煮込んでカレールーを割って入れれば、それで完成です。

カレー作りに高いハードルを感じるのであれば、先ほどもいったようにインスタントの袋麺でよしとしましょう。

誰しも、インスタントラーメンくらいは作った経験があるはずです。麺を鍋で茹でて、粉末のスープを入れるだけ。まあ、それではあまりに無味乾燥ですから、せめて野菜を一緒に煮てみましょう。

最初は長ネギを刻む程度でも構いませんし、スーパーで買ってきたカット野菜を投入するだけでもいいです。

できあがったら、いつもの食卓用のコショーをかけるのも美味しいのですが、ミルでガリガリ挽くブラックペッパーに代えてみると、味と風味がグレードアップします。

慣れてきたら、今度は野菜炒めにでもチャレンジしましょう。これも簡単です。フライパンにちょっと油を引き、豚肉を炒めてカット野菜を投入すればいいのです。野菜炒めは火力が命、火力が弱いと野菜から水が出てベショベショになり、町中華で食べているような美味しい野菜炒めにはなりません。

火力が弱くても、最後に味の素の「ＣｏｏｋＤｏ」みたいな合わせ調味料を投入して、混ぜればなんとかなります(笑)。

あとは、基本の「ご飯」と「味噌汁」を押さえておけば、もう大丈夫。

市販されているお米には、米ぬかがほとんど残っていないので、「研ぐ」というより軽く3～4回「ゆすぐ」くらいで問題ありません。

あとは炊飯器の内釜のメモリにある分量の水を注いでセットするだけ。それなりにいいお米を使えば、炊飯器のスイッチを押すだけで間違いなく美味しいご飯ができあがります。

味噌汁の作り方も簡単です。ネギでも大根でも自分の好きな野菜、あるいは豆腐や乾燥わかめなどの具材を水とともに鍋に入れてガス火で熱すれば、出汁入り味噌を適量入れて難なく完成です。

味噌汁の具材には無限の組み合わせがありますから、自分好みの具材を追究していく楽しさもあります。さらに、きちんと出汁を取れるようになったら、文句なしです。

奥さんが外出しても、味噌汁とご飯があれば、ひとまず腹は満たせますね（笑）。

例えば、奥さんが友だちと喫茶店や買い物などに出かけて帰ってきたとき、味噌汁とご飯、それにちょっとしたおかずを用意できるようになれば、たいへん喜ばれるでしょう。

人に喜んでもらいたいと思うと、料理の腕は確実に上達するものです。ぜひ一度、試してみてください。

サラリーマン時代の経験が活きる

僕が男性に料理をすすめるのは、男性に料理の素質があると考えるからというのもあります。

現に飲食業界では、たくさんの男性料理人が働いています。特に中華料理などは、大きな中華鍋で調理する腕力が要求されますから、男性料理人の活躍が目立ちます。

味覚に関しても、サラリーマン時代に接待やランチで外食をたくさん経験している人は、味覚のセンスが磨かれている可能性があります（主婦の方々のほうが優雅なランチをたくさん経験しているかもしれませんが）。

先ほども触れたように、料理は「段取り」そのものです。完成にいたるまで、たくさんの工程があります。

まずは食材を買い出しに行くところから始まります。

新型コロナウイルスの感染が拡大してからは、あらかじめ献立を決めたうえで、必要な材料をまとめて手に入れる行動様式が定着しつつあります。ただ、店内に入ってから、特売品のほうれん草やナスを見つけ、「このほうれん草はおひたしにしようか、それともバター炒めも悪くないな……」などと考えることもあります。

さらに自分の食欲や体調、時間的な余裕、そのとき冷蔵庫に入っている食材といったさまざまな要素も踏まえて、最適なメニューを導き出します。

こうしたことは、サラリーマン時代に培った予算管理やコスト追求の視点も活きてきます。

さらに料理に不可欠なのは、食材からメニューを構想する企画力です。このスキルは、サラリーマン時代に企画立案の仕事を経験した人には、十分備わっているはずですし、やっていて充実感も得られると思います。

買ってきた食材を調理するときには、要領よく作業する必要があります。

「鍋に水を入れて沸かしている間に野菜を切り、肉の下ごしらえをして……」といったように、同時進行で複数の作業をこなします。

この手の段取りも、サラリーマン時代の業務と重なる部分が大きいです。慣れてくると、調理をしながら使い終わった食器を手早く洗うなど、後片づけを並行して済ませてしまえるようになります。スキマ時間に何かの作業を組み込み、無意識のうちに効率を上げて全体最適につなげていくのです。

これも仕事で培ったスキルを活かせるはずです。


僕はよくスーパーで買い物をしますが、レジに人が並んでいたら、なんとなくスーツ姿の男性とか、仕事帰りっぽい女性がいるほうに並びます。そのほうが経験的に回転が早いと感じるからです。

レジに並んで支払いをする人たちを見ていると、仕事帰り風の人は、レジの台に買い物かごを置いたあと、待っている間に財布からお金やクレジットカードを取り出したり、電子決済用のスマホ画面を用意したりして支払いに備えているケースが多いです。

かくいう僕も、早々に小銭を手の平に出しておき、値段がわかるやいなや、瞬時に支払うようにしています。2374円みたいな金額をムダのない動きでピッタリ出せたときなど、ちょっとした快感を覚えるほどです。

昨今はキャッシュレス決済も浸透してきたので、現金を使わない人も増えました。それでも高齢者は現金派が多く、おばあちゃんなどが手にお財布すら用意せず、値段がわかってからようやく手提げからお財布を取り出す……なんていうシーンをよく目にします。

別におばあちゃんを責めるつもりはないのですが、こういうおばあちゃんの後ろに並んでしまったときには、「あー、レジの選択を間違ったな」と苦笑いしてしまうのです。

一般的に、男女は脳の構造が違っていて、男性は論理的にものを考え、女性は共感力が高いといわれることがあります。それを裏づけるデータもあれば、逆に根拠がないとするデータも出ていて、素人の僕にはよくわかりません。

ただ、僕たちの世代は男性が外で働き、女性は専業主婦として家庭を守るというスタイルが多数派でした。男性の多くは長年の仕事で段取りを叩き込まれています。それが料理の段取りに応用できると思いますから、ぜひ料理をやってみてほしいのです。

片づけや掃除こそ男の仕事

夕方のニュース番組などを見ていると、高齢者が自宅にモノをため込み、ゴミ屋敷状態になっている様子がときどき報道されています。

「こんな人もいるのか」と興味本位で見てしまう視聴者がたくさんいるのでしょうか。結構定番化しています。

ゴミ屋敷の主人は、たいてい一人暮らしの男性と相場が決まっています。長年、家事のすべてを妻に頼り切り、死別や離婚で一人暮らしになった結果、きちんと掃除ができず、気がつけばゴミ屋敷状態……という過程がなんとなく想像できてしまうのです。

そもそも男性にはがさつなタイプも多く、「ちょっとくらい汚れても死にはしない」などといって、掃除や片づけを軽視する傾向があります。

確かに一度や二度掃除をしないくらいで死ぬわけではありませんが、ハウスダストやカビが健康に深刻な害を及ぼしかねません。

僕自身はというと、独身時代から料理だけでなく、片づけも得意なほうでした。今でもこまめに自分で片づけしています。

特に、仕事場の玄関の靴は、気がついたときにアシスタントの分まできちんと揃えるようにしています。ちょっとでも乱雑になっていると、どうしても気になってしまうのです。

靴のつま先を外に向けて置き直すことを「出船に揃える」などと表現します。靴を海に出航できる状態の船に見立てているわけですね。

出船に揃えるのは、いざというときに出陣できる武士道に由来するという説があります。あるいは、災害時にいち早く避難できるようにする実利性に基づくとする人もいます。

それ以上に、きちんと揃っている靴を見ているとすがすがしい気分になります。僕にとっては、このすがすがしさこそが最大の効用だと感じます。

こんなふうに片づけをするときは、「いつ友人や知人が訪ねてきても、すがすがしい気分でいられるようにしておく」ことを意識しましょう。

そうすれば、ちょっとしたスキマ時間に部屋を整理整頓したり、ホコリを拭き取ったりする意識が働くからです。

汚らしい部屋を見られて品性を疑われるのは避けたいですからね。

料理と片づけや掃除を組み合わせるのも効率的です。

鍋で味噌汁を温めている時間を活用してテーブルの上を片づけ、キッチンの床を拭くなど、料理の段取りにこまめな掃除を組み込むのです。

そもそもキッチンが汚れていたら、その場所にいたくないという気持ちになるものです。また、冷蔵庫の中に詰め込み過ぎて食材の管理が行き届いておらず、なんだかヘンな臭いが漂っていたら、とりあえず簡単なインスタントラーメンで済まそうという発想になりかねません。

せっかくの料理へのモチベーションも低下してしまいますから、必要な食材を取り出しやすくしておけば、料理もしやすくなるという好循環が生まれるのです。

一人暮らしを「妄想」してみる

配偶者と適度な距離を取り、家事の能力を高める。この二つを両立させるには、一人暮らしを「妄想」してみるといいです。

僕が理想とするのは、それぞれが別々の家に住み、お互い自由に暮らす夫婦です。

冠婚葬祭など、二人揃って参加する必要が生じたら一緒に出かける。あるいは、定期的に食事会や映画鑑賞などの機会を作って二人の時間を楽しむ。

そうやって基本的にはそれぞれが自立して暮らしつつ、何かを共有する時間を作るライフスタイルにすれば、お互いに気持ちよく連れ添えると思うのです。

もっとも、現在家族と一緒に生活している人が、単身者用のアパートを借りて一人暮らしをするというのも非現実的です。

そこで提案したいのが、一人暮らしを「妄想」してみることなのです。ゲーム感覚で、期間限定で一人暮らしをするという試みです。

家族に向かって、「今日から1週間、家の中で一人暮らしをしてみようと思う。普通に会話するけど、あとは何も構わなくていいから」と宣言します。そのうえで、生活のすべてを一人で行ってみるのです。

そこまでかしこまってきっかけを作りづらいならば、配偶者が友人と宿泊をともなう旅行に出かけたタイミングなどに合わせれば取り組みやすいと思います。

いずれにしても、料理はすべて自分で作り、自分の洗濯物は自分で洗濯します。仮に洗濯するときに洗剤が切れているのに気づいても、安易に家族に尋ねたりはしません。ストックがどこにあるか自力で探します。なければ、自分で買いに行きます。とにかく人の手を借りないのがポイントです。

自炊に備えてスーパーに買い出しに行き、食材を自分で調達します。節約生活を意識して、1食300円という予算の枠組みで献立を組み立ててみるのもいいでしょう。自炊なら十分可能なことです。

先日、僕はスーパーでアスパラガス5~6本入りの束が98円で売られているのを見つけて、思わず小躍りしたい気分になりました。若い頃、アスパラガスは高価な食材だったので、安く手に入るとありがたみが増すのです。

そんなふうに特売品の野菜や肉などを買い、「オリーブオイルで炒め、辛めの味つけで仕上げようか」などと考えます。1000円札1枚あれば、案外いろいろな食材が手に入るものです。

買ってきた食材で楽しそうに料理をしていると、家族がおもしろがって話しかけてくるかもしれません。そういうちょっかいは適当にあしらって、一人暮らしの「妄想」にいそしみます。

僕は、いわゆる「鍵っ子」として育ちました。両親とも仕事をしていたので、勝手におやつを食べて親が帰ってくるのを待ちながら一人で遊んでいました。そんな経験からか、一人で時間を過ごすことがまったく苦になりません。むしろ一人の時間を満喫するのが喜びです。

どうやら世の中では、こういう感覚の持ち主は、まだ少数派のようです。「高齢者が一人ぼっちだなんて寂しい」といった否定的なイメージを持っているみたいですね。

一人暮らしは寂しいと感じている人は、「自由である」というポジティブな側面に目を向けたほうがいいです。一人暮らしのよいところに着目して、それを最大限に享受するという発想に切り替えるのです。

一人暮らしなら好きなときに寝起きできますし、食事のタイミングも自由。誰からも制約を受けず、誰にも気を遣わずに暮らすのは最高です。僕からすれば、一人が寂しいなどという発想が理解できないくらいです。

「一人暮らしは楽しいものだ」。そう自分自身をマインドコントロールすることが肝心です。

一人の時間を楽しむコツ

本当に一人暮らしをすることになったら、あり余る時間を一人で過ごすことになります。そこで重要になるのは、「小さな課題」を見つけて、一つひとつ楽しみながらこなしていく力です。

僕は、1日単位でスケジューリングをして、予定をこなしていくのがとても得意です。

朝起きると「今日は○○と△△をしよう」と段取りを考えるのが日課になっています。

「15時に□□をして、17時に××をするから、午前中にこのくらい仕事をこなして、その後、買い物に行って、ついでにあれを注文して……」

こんなふうに、最も効率のいいスケジュールを組んで、瞬時に効率のいい段取りを導き出すことができます。そして、自分で立てたスケジュールは、ほぼ予定通りにこなす自信があります。

一つひとつの予定を段取りよくこなしていくことに生きがいを感じているといったほうが正しいかもしれません。

小さな仕事を見つけて一つひとつこなしていく。これは、忙しい現役世代の人だけでなく、一人で生活する高齢者にも応用できる手法です。

高齢になったら、長いスパンで人生を考えても仕方がありません。それよりは、小さなことでも今日やるべきことを見つけて、それに取り組むほうが大事です。

例えば、朝起きたときに「今日は蛍光灯まわりにたまっているホコリを掃除する」と決める。そして、部屋の蛍光灯をいったん外してみるのです。

特殊な蛍光灯の場合、外し方がよくわからず、小一時間にわたって格闘するなんてこともあります。蛍光灯を外せただけで、ちょっとした達成感を感じることでしょう。

シェードと蛍光灯を丁寧に拭いて再び点灯させると、断然部屋が明るくなるので、気分も高揚すると思います。こういう地味な作業が楽しいと感じられるようになったらホンモノです。

やるべき作業は「たまった本を処分する」でも「○○まで散歩する」でも、なんでも構いません。計画通りにクリアできたら自分を称えましょう。

仮に計画通りにいかなくても、誰からも責められないのですから、気楽です。ちょっとしたゲーム感覚で、自分がワクワクする心を感じ取りながら行うのがコツです。

一人旅で「一人力」を磨く

「一人暮らしを妄想するのにも限界がある」

「もっと別のやり方で一人の時間を満喫したい」

そういう人に打ってつけの過ごし方があります。ちょっとした一人旅です。日帰りでも一泊でもいいです。行き先や宿泊先などを決めないまま、ふらりと出かけるのです。行きあたりばったりの旅ですから、家族には行き先は伝えません（伝えようがありませんね）。

もっとも、家族を心配させるのはよくないので、出かけることは伝え、緊急時にはスマホ（携帯電話）で連絡を取れるようにしておきます。

旅に先立って、まずはおおまかな行き先を決めます。なるべくプライベートの旅行でも会社の出張でも訪れたことのないところがいいです。

テレビでやっている「ダーツの旅」みたいに、目をつぶって地図を指した場所を目指すのも一興です。長年住んでいる地元でさえも、訪れたことのないポイントがたくさんあるものです。

私だったら、誰もが知る観光地ではなく、名前すら聞いたことのない場所を選びます。観光地の場合、行ったことがなくても、どんな場所なのかはだいたい想像がついてしまいます。それよりも、まったく想像がつかない土地のほうが新鮮な発見にあふれているはずです。

行き先が決まっても、ガイドブックや地図などは準備しません。これといった目的も予備知識もないまま旅をスタートさせるのです。

あっという間に移動できる新幹線や飛行機を使うより、あえて路線バスやローカル鉄道でのんびりと移動します。

車窓からぼんやりと景色が流れる様を見ているだけで、旅情がそそられます。

とりわけ僕が好きなのは、なんの変哲もない民家や田畑の風景です。

人里離れた土地にポツンと立つ古い一軒家や、くたびれた軽トラックがノロノロと農道を走っている風景を眺めているだけで、「こういうところで地に足をつけて暮らす人生もあるんだなあ」などと想像して感じ入ります。

電車の中で、地元のお年寄りたちが交わす方言が濃くなっていくにつれ、「よその土地にやってきたんだ」という実感も増したりします。

例えば、朝からローカル電車を乗り継いで、日が暮れた頃に適当な駅で下車。とりあえず町を散策します。美味しい一杯目にありつけそうな手頃な居酒屋、あるいは定食屋を探すのです。

間違っても、ここまで来てグルメサイトの検索なんてことは、やめておきましょう。己の嗅覚にすべてをかけてください（笑）。

実際に目の当たりにした外観の佇まい、入口からうっすら見える店内の雰囲気……。そういった自分の感覚をもとに、自分の経験を駆使して相性のよさそうな店を選びます。

地元民に人気の店も悪くないのですが、しみじみした旅情を味わうなら、落ち着いた雰囲気の店がふさわしいかもしれません。一泊するなら、その前に宿泊先の目星もつけておきましょう。

翌日、明るくなってから改めて町歩きを楽しみます。

当たり前のように駅に向かうビジネスパーソンや、ヘルメット姿で自転車登校をしている中学生を見ているだけでも、そこにかけがえのない日常があることに気づき、心が温かいもので満ちてくる気がします。

新型コロナの問題もあり、おいそれと旅行できない状態も続きましたが、また以前のように自由に旅行できる日が続くことを願ってやみません。

大変なときこそ笑ってしまえ

ここからは少し深刻な、夫婦の行く末について考えていきたいと思います。

22ページで「８割の人は認知症の状態で晩年を生きることになる」ことに触れました。

結婚している人は、長生きすればするほど、夫婦のいずれかもしくは両者が認知症になる可能性があります。その場合は、必然的にもう一人が介護を担うことになるでしょう。

今の日本では、主に65歳以上の高齢者が高齢者を介護する「老老介護」、さらには認知症高齢者が認知症高齢者を介護する「認認介護」が社会問題となっています。

国民生活基礎調査（２０１６年）の「要介護者等と同居の主な介護者の年齢組合せ別の割合」を見ると、65歳以上同士が54・７％、75歳以上同士が30・２％となっています。老老介護が今後増加するのは確実視されています。

介護は体力的にも精神的にも大きな負担ですから、介護ストレスが原因で認知症になるリスクも高まります。老老介護が増えれば、認認介護も増えていくという悪循環です。

こうした介護リスクに備えるには、介護サービスの力を借りることも大事ですが、介護サービスに家事のサポートまで期待するわけにはいきません。

家事に不慣れな男性は、できるだけ早く料理、洗濯、掃除、ゴミ出しなどの家事をひと通りこなせるようにしておきたいところです。

もっというと、介護という大変な状況を乗り越えるだけの精神的な強さを身につけておきたい。要するに、**大変な状況を笑ってしまえる精神力が大切になると思うのです。**

97歳になる僕の母親は、大阪の介護施設で生活しています。母親は認知症を患っていることもあってか、会いに行くといつも愚痴を聞かされます。

「ここにいると、私はいつもいじめられる。お前がお金をケチったせいで、ひどい目に遭っているよ」

そこは利用料も高額な部屋なのですが、母親はそんな不満を口にします。

「じゃあ、いつもどんな意地悪をされているの?」

と聞くと、次のように答えます。

「ご飯を食べるときに、私のぶんだけみんなの余りもののご飯をおかゆにして持ってくるのよ」

それは母親が食べやすいように、スタッフのみなさんがわざわざおかゆにしてくださっているのですが、残念ながら本人には伝わっていないようなのです。僕が諭しても納得しないどころか、もっとひどい目に遭っていると訴えます。

「この前は、施設の連中が私の顔に味噌汁をぺたぺた塗りつけてきたんだよ」

ここまでくると完全な妄想です。母親にとっては、介護施設での生活がストレスなのでしょう。とにかくマイナス思考で頭がいっぱいになっているのです。

別の日に会いに行ったときには、いきなりおかしなことを切り出されました。

「おまえ、あの７０００万円はどうしたんだ？」

７０００万円といわれても、なんのことやらさっぱりわかりません。

「え、７０００万円ってなんのこと？」

よくよく話を聞くと、母親の頭の中で、なんと僕は日本の国家転覆を目論む革命家になっていました。集めた7000万円の資金を他のメンバーから狙われているから、気をつけろという話だったようです。

次に訪ねたときには、とうとう僕自身のことがわからなくなってしまいました。一緒につき添っていた姉が、「憲史が来たよ」と呼びかけると、母親はこう即答しました。

「憲史、あれはもう死んだよ」

死んだといわれてもショックを感じませんでした。むしろ思わず吹き出してしまいました。もう笑い飛ばすしかありません。

「おいおい、オレは生きているよ。おふくろ、ひどいじゃないか！」

そう笑いながらツッコみを入れます。隣の姉を見ると、やはり大爆笑していました。僕も姉も似たような性格なので、こんなときには深刻な顔をして悲しむよりも笑ってしまうのです。

もちろん、母親は手厚い介護サービスを受けている状況があり、僕が会いに行くのは限られた機会だけ。だからこそ笑える余裕があるといわれれば、それはそうなのかもしれません。

深刻に受け止めたら、もっとつらくなるから、できるだけ笑って受け流す。

これは、僕が体験的に身につけてきた処世術でもあります。

死ぬ順番が回ってきただけ

配偶者の死について考えてみましょう。現実的に考えて、夫婦が同時に死ぬ可能性はきわめて低いですから、いずれは夫婦のどちらかが先に死んで、一人が残されます。

男性はなんとなく「オレのほうが先に逝くだろう」と考えているかもしれません。

ところが、現実というのは皮肉なもので、そんな人に限って妻に先立たれてしまったりします。

こうなると、夫は大きなショックを受けます。妻に依存してきた夫ほど、現実を受け止められず、ふさぎこんでしまいがちです。

僕の周りにも、そんな人がいました。彼は若くてきれいな後妻をめとり、楽しそうに暮らしていたのですが、その妻の死を機に様相が一変しました。

明らかに気落ちした彼はうつ状態になり、自宅にひきこもって暮らすようになりました。挙げ句の果て、妻の後を追うようにあっけなく亡くなってしまったのです。

配偶者が亡くなれば、彼のようにまるで心に穴が開いたような喪失感を感じ、精神的に落ち込むことでしょう。でも、いざ現実に直面してから「順番が違う」などと嘆いても、仕方がありません。いくら悲しんでも、死んでしまった人は戻ってこないのですから。

「ああ、ついにこのときが来たんだな」「そういうものだから仕方がない」と割り切るしかないのです。

「今まで人生の先輩たちが、こういう経験をしてきて、その順番がたまたま自分に回ってきただけ。これが人生というものだ」

時間をかけながら、そう悟って受け止めるのが唯一の方法なのでしょう。

現実というのは往々にして理不尽です。新型コロナで突然家族を失った人もいれば、交通事故で失った人もいます。現実を受け止めたくないと思っても、時間は待ってはくれません。

人間は、一生のうちにショックな出来事や悲しい出来事の10や20は体験するものです。そうした出来事が一度に三つくらい重なると耐えきれず、自ら死を選んでしまうともいわれます。

だから、どんなにつらく苦しくても、一つひとつ乗り越えて前に進んでいかなければなりません。

妻と自分のどちらが先に死ぬのかわからないですし、どちらが先でもいいと僕自身は思っています。

せめて子どもは、私たちの後であってほしいとは願っていますが、その願いがかなえば十分だと思うのです。

「孤独死＝不幸」は間違った決めつけ

配偶者と死別し、子どもと別居すると、そこから本格的に一人で生きていくことになります。いわゆる「独居老人」です。

65歳以上の一人暮らし高齢者は、男女ともに年々増加傾向にあります。１９８０年には男性約19万人、女性約69万人、高齢者人口に占める割合は男性４・３％、女性11・２％でした。これが、２０１５年には男性約１９２万人、女性約４００万人、高齢者人口に占める割合は男性13・３％、女性21・１％とかなり増加しています。

２０２５年に団塊の世代が75歳以上の後期高齢者になると、この数がさらに増加するのは確実です。そうなると一人で生き、一人で死ぬことを想定して、心の準備をしておく必要があるでしょう。

最終的に、いわゆる「孤独死」を迎える可能性もあります。

孤独死というと、不幸な人生の終幕の象徴のように思われているようです。高齢で、身寄りがなく、誰に頼ることもできず、貧しい生活を送り、古くて小さなアパートの一室で人知れずひっそりと亡くなり、発見されたときには死後数週間が経過しており……というイメージがネガティブに伝えられています。

孤独死を不幸と決めつけたうえで、孤独死を防ぐためにどうすべきかという対策が語られることもよくあります。

僕は一人でひっそりと死んでいくのも悪くないと考えています。一人暮らしをしていて部屋で亡くなった人=不幸というのは、単なる決めつけだと思うのです。本人が一人で死ぬことを寂しく感じていたかどうかは、わからないのですから。

もちろん、誰にも迷惑をかけないというのが最低条件です。アパートで腐乱死体で発見されるようなことがあったら、大家さんや近隣住民に迷惑をかけてしまいますから、そうなるのは避けたほうが望ましいでしょう。

これから技術が進めば、緊急時に遠隔監視のセンサーが作動して、１１９番に連絡が行くなどのシステムが遠からず導入されるはずです。

「人間生まれるときも一人、死ぬときも一人」

僕には、そういったある種の諦念というか覚悟のようなものがあります。だから、一人の状況を恐れることもありません。

いざというときに発見してもらえる手はずさえ整えておけば、一人で死んで行けばいい。人生をまっとうしたのであれば、それも立派な死に方ではないですか。

第2章

友人を捨てろ

友人は5人もいれば十分

あなたは友人が多いほうですか、少ないほうですか。また、友人との交友に満足しているでしょうか。

今はフェイスブックやＬＩＮＥ（ライン）といったインターネット上のＳＮＳ（交流サイト）が充実しています。たくさんの人とつながって充実感を覚える人がいる反面、不特定多数の人とつながることに疲れている人もいるようです。

こういう交友関係をめぐる悩みは、今に始まったことではありません。僕がアラフォー世代だった１９８０年代には「ネクラ」という言葉が流行り、交友関係の狭い人間はバカにされる風潮がありました。

若者は「ネクラ」と呼ばれたくない一心から、必死にスケジュール帳を埋めて、何かにつけて友人とつるんでは騒ぎあっていました。

僕自身は、そんな風潮からは距離をおいていましたが、当時「友だちが多い」ことをアピールしていた若者の中にも、無理をして疲れた人がいたはずです。

「友人が多いほうが幸せであり、豊かな人生である」

「友人が少ない人は人間的な魅力に乏しく、性格に問題がある」

そういった言説は、突き詰めていけば、ただの偏見です。

人間には性格や年齢に応じて適当な友人の数というのがあります。だから、自分にとって無理のない範囲で友人とつき合っていくのが原則です。

基本的に、人間関係はギブ・アンド・テイクで成立します。友人に借りを作ったら、自分も何かを返さなければバランスが保たれません。

例えば、誕生日にプレゼントをもらったら、相手の誕生日にお返しをするのがマナーでしょう。毎回同じものを贈って芸がないと思われるのもしゃくですから、気の利いたプレゼントをしようとすると、それなりの労力が求められます。

孫の結婚式にお祝いをいただいたときにも、お返しをしないわけにはいきません。お互いの孫を見たことがなくても、つき合いでそんなやりとりをするケースはよくあります。

そんな友人が20～30人もいたら、単純に考えて、毎月2回以上はそんな面倒を負うことになります。人生の下り坂を歩んでいる70代に、こういう交際は本当に必要なのでしょうか？

友人が多いと金銭的な負担も増します。交友関係を維持するために預貯金を取り崩していたら、ストレスが増すだけです。

僕は、友人関係は減らし、気の合う仲間とだけつき合えばいいと思っています。

一方で、友人がまったくいないというのは問題です。

内閣府の高齢社会白書（2016年版）では、「家族以外の人で相談し合ったり、世話をし合ったりする親しい友人がいるか」という質問に対して、「いずれもいない」と答えた高齢者の割合は25・9％。ドイツ17・1％、アメリカ11・9％、スウェーデン8・9％などと比較して高い数字となっています。

東北大学などが行った日英共同研究によると、日本人男性は特に友人と会わない人が多く、これが生存期間を短くしているとのデータが報告されています。

孤独はストレスとなり、寿命にも影響を与えるのです。

僕自身は毎日友人に囲まれてワイワイ過ごしたいとは思わず、本当に仲のよい友人と末永くつき合っていきたいと考えています。あえてここで基準を示すなら、友人は多くても5人もいればいいというのが僕の持論です。

年賀状、お中元・お歳暮はもうやめた

「友人」の中には、お正月に年賀状のやりとりだけをしている人も含まれるでしょう。すでに何年も、下手をしたら何十年も顔を合わせていないのに、年賀状だけでつながっている人間関係もあると思います。

相手が送ってこないと、なんとなく寂しい気持ちになり、送ってきたらきたで「返さなきゃ」と負担に感じる。

そんなこんなで、惰性で年賀状を出し続けているだけ。果たして、こうした形式だけの友人関係を続ける意味があるのか。一度立ち止まって考えてみるべきです。

常日頃からＳＮＳ（交流サイト）で、国内外を問わず、遠くにいる友人ともインターネット上でカジュアルに連絡を取り合っている若い世代では、すでに年賀状をやりとりする習慣がなくなりつつあります。

朝日新聞社が２０１９年に実施した世論調査によると、「年賀状を出さない」と答えた人が18〜29歳で57％に上る半面、70歳以上は28％に留まりました。

インターネットがなかった頃は、年賀状のやりとりは一つのイベントでした。

正月元旦、いそいそと郵便受けから年賀状の束を取り出し、一枚一枚眺めるのはそれなりに楽しい出来事でした。

「おー、あいつ転勤したんだな」「あの人もとうとう結婚したんだ」

こんなふうに相手の顔を思い浮かべつつ、丁寧に読んでいたのを思い出します。

こたつにみかん、年賀状は、正月の風景として様になっていました。

なにしろ昔は、手書きの年賀状が主流でした。みんな手作りのイモ版やゴム版で干支のデザインを彫り、一枚ずつ丁寧に押して、手書きでメッセージを添えていました。

もちろん宛名もすべて手書き。わざわざ墨をすり、毛筆でしたためる人もそれなりにいたので、年賀状には書き手の心がこもっていましたし、肉声さえ感じられました。

ところが、今では年賀状のありがたみも、だいぶ薄れてしまいました。今の年賀状はパソコンで作ったものが大半です。宛名もすべてパソコン上でレイアウトしますから、筆跡もわからず、まるで個性が感じられません。一見するとダイレクトメールと大差がないのです。

安否を確認するだけなら、ＬＩＮＥやメールのほうが早くて便利でなおかつ安い。そう考えると、ますます年賀状のやりとりに疑問を感じてしまうのです。

僕自身は、もう20年ほど前から年賀状を廃止すると公言し、今でも一枚も出さずに正月を迎えています。

ちばてつや先生や藤子不二雄A先生からの年賀状ですら、返信しないという不義理を重ねています。失礼なのは百も承知ですが、こういうのは例外を設けてしまったらキリがなくなるので徹底しています。

最近では、「あいつは年賀状を出さない主義だ」というのが浸透したせいか、いただく年賀状の数もめっきり減りました。不必要に気をもむこともなくなり、気がラクになりました。

年賀状をやめるときは、何もいわずに打ち切るのもぶしつけですから、「これをもって最後の年賀状とします。これからは、メールや電話で連絡しましょう」などと一筆書いておくといいでしょう。

年賀状をやめたからといって、自動的に人間関係が切れるわけではありません。年賀状をやめて切れてしまうなら、最初からその程度のご縁だったということです。

お中元・お歳暮も同じです。本当にお世話になった人はともかく、義理で続けてきた贈り物も整理・縮小、最終的にはやめてしまいましょう。

「お互い年金生活の身、こういう儀礼的な贈り物は負担になることもあるので、終わりにしましょう。ただ、これからもご縁は続きますから、折々に近況報告をしたいですね」

こういった文面を書き添えて最後にしてしまうのです。案外、相手もホッとして、むしろ喜ばれるのではないでしょうか。

70歳で同窓会をやめた

同窓会は古くからの友人と会える貴重な機会です。

一般的に、年を取るにつれて、同窓会を催す機会は増えていくようです。元気なうちにみんなで集まっておこうという意識が高まるのでしょう。

僕の母校である山口県岩国市の中高一貫校でも、しょっちゅう同窓会が開催されてきました。中高6年間の同窓生が全国から参加するので、会場も大きく、いつも60人くらいは集まっていたと思います。

僕は毎回とはいわないまでも、時間が合えばなるべく参加していました。

おもしろいもので同窓会というのは、ある程度人生に成功した人間が参加しがちです。

最初の頃は久しぶりに再会できた懐かしさが強く、昔話で盛り上がるのですが、回を重ねるごとに参加者が減っていきます。

「お前は、どんな仕事をしているの？」

「子どもは、何してるの？」

こういった質問に答えにくい人は、どうしても顔を出しにくくなるのです。

息子が一流企業に入社したはずなのに、急にドロップアウトしてミュージシャンを目指した挙げ句、今はどこで何をしているかわからない。こんな事情を抱えている人は、同窓会に来なくなります。借金を抱えてしまって、首が回らない人も同じです。

そんなこんなで、同窓会はしだいに経済的・社会的に成功した人の集まりと化していきます。いい換えれば、同窓会にやってくるのは幸せ度の高い人ばかり。ただし、70代にもなると、元気だった人たちにも衰えが目立つようになります。持病を抱えている人、人工透析をしている人、がん治療をしている人の話も頻繁に聞きます。

中には、自力で歩くのすらおぼつかなくなった人もいます。そうやって体が弱ってしまった人は、会場まで足を運ぶのが難しくなりますし、亡くなる人も増えていきます。

櫛の歯が抜けるように、同窓会は徐々に寂しい催しになっていくのです。もはや近況報告は、病気の話とか誰が死んだとかいう話で占められます。

70代になった今、同級生の死を知らされて寂しいと思いながらも、冷静に受け止められるようになりました。

「明日は我が身」なのはわかっていますから、「ああ、あいつが先だったのか。中学のときはあんなに活発だったあいつが……」などと、しみじみ思うだけです。

そうやって、細々と同窓会を続けていくこともできるのでしょうが、辛気くさい思いをするのもイヤなので、みんなで話し合った結果、70歳を区切りに同窓会を終わりにしました。同窓会を生前整理したということです。

あとは、必要に応じてメールや電話で連絡をするくらい。いつかはメールもままならなくなり、徐々に自然消滅していくのでしょう。寂しいと思われるかもしれませんが、それでいいのです。

人と比べるから苦しくなる

友人とは、ただ楽しくつき合えばよくて、いちいち友人と自分の境遇を比べて一喜一憂する必要なんてありません。

自分より幸せそうに生きている人と比べても、つまらない劣等感を抱くだけです。

「あいつはオレよりいい家に住んでいる」「有名大学を出て一流企業で働いている子どもたちと仲よくやっているようだ」「オレはがんを経験したのに、あいつは一つも大病を経験していない」

そうやって比べ出したらキリがないでしょう。

おもしろいことに、相手と圧倒的な差があれば、人は比較しようとは思いません。「どうしてオレはビル・ゲイツみたいな大金持ちになれないんだろう」と世界一の大富豪と比べて、真剣に嫉妬する人はいないでしょう。

その点、友人関係にある人は年齢も社会的な立場も近い人が多いですから、自分より優っている部分が気になります。身近な存在だからこそ、自然に比較してしまうわけですね。

幸せそうな人を嫉妬することもあれば、逆に自分よりも不幸そうな人を見つけて、安心材料にしようとする人もいます。

「あいつは生活が厳しそうだ。オレのほうが、まだマシだな」

そんな優越感に浸って、自分を納得させようとする発想です。

70代になってまで、他人と比べて一喜一憂したところで、どうなるものでもありません。今さら地位や収入、家族構成を変えるわけにはいきません。知人が自分より幸せそうに見えるからと嫉妬心を抱いたところで、自分が幸せになれるわけではありません。

また、自分より不幸そうな人を見て安堵することとは、自分が幸せになるのとはまったく別物です。

だったら、人と比べるのはやめてしまうことです。「自分は自分、他人は他人」と割り切れば、気持ちがスッキリします。

自分の立場をひけらかすような人がいたら、無用な対抗心を燃やすのではなく、すーっと離れればいいのです。そうやって接点を持たないようにしていけば、結局は多くても5人くらいとつき合うのがベストだと感じるはずです。

どうしても人と比べてしまいそうになったときは、「自分のモノサシ」を意識すれば気持ちが惑わされずに済みます。人と比べるのではなく、「自分に挑む」という感覚です。

「自分のモノサシ」を意識するのは簡単なことです。例えば、何かをするときに自分で目標を設定する習慣をつければいいのです。

ゴルフだったら「今日は90で回ろう」、ウォーキングなら「1日1万歩を達成しよう」という具合です。

自分の目標を達成できれば自分の勝ちであり、達成できなかったら負け。自分の目標に目を向けていれば、他人のことなど気になりません。

他人をモノサシにするのではなく、自分をモノサシにする。自分が納得できれば、それで十分じゃありませんか。

男女のグループで刺激を得る

同性の友人関係を整理する代わりに、異性と友人としてつき合いを持つのはいいことです。

「男女間の友情は成立するか？」といったテーマで、誰もが一度や二度くらい議論をしたことがあるのではないでしょうか。

若い頃の僕は、「男女間の友情なんて成立するわけがないだろ」と思っていました。若い男性は、どうしたって女性を性的な対象として意識してしまうものです。純粋な友情関係を結ぶなんて、どうしても想像できませんでした。

ところが、70代になった今では「まあ、そういう関係もあるんだろうな」と思えるようになりました。長く生きていれば、いろいろな変化があるものです。

僕自身、男性の友人と腹を割ってつき合う時間も好きですが、女性の友人と過ごす時間も楽しんでいます。女性の年齢が若すぎると、話が合わなくてストレスになりかねないので、ちょっと年下から同世代くらいがちょうどいい。

相手を性的な対象として意識していなくても、魅力的な女性を前にすると、やっぱり気分が高揚します。男性と接しているときとは明らかに別の緊張感もあり、それが精神的な刺激になって楽しいのです。

やましい関係ではないとはいえ、配偶者の手前、女性と二人きりで会うのは憚られるという人も多いことでしょう。

そこでおすすめしたいのは、男女のグループで会う時間を作ることです。男女のグループで定期的に食事会などを催すのです。

異性がいる場に出かけるとなると、それなりの緊張感を持って身支度します。ある程度小綺麗な格好をするとか、散髪してから行くとか、最低限の身だしなみを整えるでしょう。

男性は本能的に女性の前でいい格好をしたいと考えます。そういった緊張感とかいじらしい努力は、日常に刺激を与えてくれます。気分が若返り、ハリが出てくる効果があるのです。

70代にとってのセックス

お互いに独り身で、好意を寄せ合っているとなると、友情から本格的な恋愛に発展する可能性もあるでしょう。そこで、気になるのがセックスの問題です。

『週刊現代』(講談社)や『週刊ポスト』(小学館)ではここ数年、毎号のように「死ぬまでセックス」「死ぬほどセックス」といった高齢者の性についての特集記事が掲載されてきました。

対象読者の中心は、おそらく僕と同じ団塊の世代だと思われますが、いったいどんな目的で読んでいるのでしょうか。実用目的なのか、それとも興味本位で楽しんでいるのか。

まあ両方なのかもしれませんが、僕自身はセックス特集を実用目的で読むことはありません。同じ雑誌に自分の記事が掲載されることもあるので、パラパラと流し読みをする程度です。

高齢者の場合、僕はいわゆるセックスをともなわない性的関係が成立すると考えています。二人きりで食事をしたり、ときには手をつないで海を見に行ったりすることも、十分に性的な関係だと思います。

手をつなぐ、添い寝をするなど、スキンシップを取るだけで性的な欲求は満たされます。若い世代には意味不明かもしれませんが、高齢者だからこそ到達できる境地といえます。

朝丘雪路さんが歌った『お別れしましょう』という名曲があります。

これは、ひと言でいうと「セックスをしてしまうと苦しくなるから、何もしないで別れましょう」という歌です。今になって聴くと、なかなかいい歌だと思います。いかにも、作詞家・なかにし礼の面目躍如であり、とても気に入っています。

高齢者の恋は、こういうノリでいいんじゃないでしょうか。
相手と触れあってドキドキする。それだけで、体の免疫力は高まるともいわれています。白血球の一つであるリンパ球には「ナチュラルキラー（NK）細胞」というものがあり、がん細胞やウイルス感染細胞を攻撃する役割を果たしているのだそうです。

恋愛を楽しむと、NK細胞が活性化し、免疫力が高まるという理屈です。

ひょっとしたら新型コロナウイルスに対する免疫力だって高まるかもしれません。
恋愛で健康になれるなら、むしろ恋をしないともったいないとさえいえます。

「パートナー婚」がいい

異性との恋愛関係から、結婚に発展する可能性は、高齢者であっても当然考えられます。「生涯未婚率」という言葉があります。50歳までに一度も結婚したことのない人の割合を示した数値であり、５年に一度の国勢調査に基づいて、国立社会保障・人口問題研究所が公表してきました。

現在は「生涯未婚率」とはいわずに「50歳時未婚率」という言葉が使われています。「50歳以降は結婚できないと決めつけているのか」というクレームが寄せられたからだそうです。

この50歳時未婚率は、時代とともに右肩上がりの傾向を示しています。

１９８５年までは男女ともに５％未満だったのですが、２０００年になって男性が10％を超えました。２０１０年になると男性は20％、女性も10％を超え、完全に「晩婚化」「非婚化」の流れが定着しました。

２０１５年には男性23％、女性14％となり、もはや男性の４人に１人、女性の７人に１人は50歳になっても未婚という状況です。

国立社会保障・人口問題研究所では、２０３５年に男性約29％、女性約19％に達すると推計しています。これは全国平均であり、都市部の未婚率はもっと高くなるはずです。

未婚率が高くなった理由は、「結婚を面倒だと思うようになったから」「非正規労働者の数が増えたから」など、いろいろといわれています。

結婚しない人が増えると、少子化に拍車がかかりますから、社会的な問題とされるのはよくわかります。

ただ、あえてポジティブな面を探せば、50歳を過ぎた独身者がたくさんいるわけですから、高齢になってから結婚をする可能性も大いにあるということです。

また、今の日本の離婚率はおよそ35%。離婚してシングルになった人もたくさんいます。高齢になると配偶者と死別するケースも増えますから、これから高齢者の結婚が大きなマーケットになることは十分に考えられます。

僕は『黄昏流星群』という作品で中高年の恋愛と結婚を描きましたが、まさにあの世界観がもっとリアルなものになるというわけです。

高齢者の結婚にハードルがあるとすれば、それは「相続」の問題です。高齢になった親の結婚は、たいていは家族から猛反対されることになります。

例えば、70歳を過ぎた一人暮らしの父親が、急にひと回りくらい年下の女性を連れてくると、子どもたちはザワつきます。

財産を相続するときの割合は法律で定められていて、配偶者に2分の1、子どもに2分の1となっています。配偶者が亡くなり、子どもが2人いれば、子ども1人あたり2分の1を相続する計算です。

「きょうだい2人で半分ずつ相続するはずだったのに、どこの誰とも知らない女に、お父さんの財産を2分の1持っていかれるかもしれない」

そんなふうに、子どもたちは心中穏やかではなくなります。中には〝争続〟へと発展し、裁判沙汰になったり親子断絶となったりするケースもあります。

70代で結婚を考えるなら、同居しても籍を入れない「パートナー婚」が望ましいと思います。

事実婚でも財産分与は認められる可能性があるので、再婚相手への財産分与はしないと決めて、遺言書などを作成しておくと子どもたちも安心で、争いごとも避けられます。それでパートナーに納得してもらえないなら、再婚相手として相応しくないと判断することもできるでしょう。

きちんと手順を踏んでおけば、「お父さんの面倒はあの人にみてもらえるし、相続のトラブルも起きないからよかったんじゃないの」と子どもたちからも祝福してもらえるはずです。

麻雀のすすめ

親友、異性の友人と並んで、高齢者が大事にしたいのは、共通の趣味を持つ仲間です。

僕の場合、ゴルフを通じて交流する友人が何人かいます。

僕が会員になっているゴルフ倶楽部には、弁護士や医師、会社経営者などが多く、中には誰もが知っている「偉人」みたいな人もいます。業種が違っても、みんな仲がいい印象があります。

　ゴルフ場は、伝統的に一種の社交場としての側面を持っています。年会費を払い、ゴルフ倶楽部の会員になると、基本的に施設を自由に利用することができます。

　プレーせず、知り合いとおしゃべりをしたり、仕事の打ち合わせをしたりと、レストランや喫茶店を利用する目的でゴルフ場に出入りする人も一定数います。

　喫茶店で顔を合わせた人とも気軽に会話をしますし、特に親しい人とは家族ぐるみでゴルフ大会を催すこともあります。


　ゴルフの魅力は、適度に運動不足を解消できるところにあります。僕のように、あえてスポーツジムで鍛えたいとは思わず、日ごろは買い物か犬の散歩くらいしか体を動かさない人にとって、ゴルフは継続しやすいスポーツの最右翼です。

　ゴルフ場で18ホールを回れば、７〜８㎞は歩きます。プレーのレベルによっては10㎞くらい歩くことにもなります。

　黙々と10㎞歩くのは、なかなかの苦痛ですが、プレーと会話を楽しみながら歩くと苦痛は感じません。

社交と健康維持を両立できる点で、ゴルフは高齢者に打ってつけのスポーツであると断言できます。

唯一の難点は、お金がかかることでしょうか。

お金がかからない趣味の集まりとして、僕が参加するのは麻雀です。年齢や職種を問わず、いろいろな人が知り合いのマンションに集まって麻雀を打つのは楽しいひとときです。

我が家のお手伝いをしている80歳くらいのおばあちゃんがいるのですが、彼女も麻雀をします。

「明日と明後日、休んでいいでしょうか?」

あるとき、彼女がこういってきたので、興味本位で聞いてみました。

「もちろんいいですけど、お休みをとってどうするんですか?」

すると、彼女はこう答えます。

「麻雀仲間と連れ立って、伊豆下田の旅館に一泊して麻雀大会をやるんです」

素敵なイベントだと思いました。

麻雀は頭を使って考えますし、相手の心理を読む力も必要です。指先を動かしながら会話もすれば、認知症の予防にも役立ちます。

麻雀は人生最後の趣味になりそうなので、麻雀卓を囲む友人は大事にしたいと考えています。

一人でオタク道を進め

趣味をとことんまで突き詰めた結果、一人で趣味の世界に没頭する生き方も悪くありません。僕自身、仕事ではありますが、漫画という趣味の世界に没頭して生きています。

リタイア世代は、好きな趣味にどれだけ時間を注ぐのも自由ですから、誰からも文句をいわれず、一日中好きな世界に浸ることができます。

どんな分野であっても、「オタク」を自称するほどのめり込めるものがあれば、その人は幸せだといえます。

オタクという言葉は、もともと漫画やアニメなどのサブカルチャーにハマっている人を称していましたが、今では、自分が好きな趣味をとことん追究している人全般を指すようになりました。

「あいつはつき合いが悪い」なんていわれても、構うことなく自分が好きなことに没頭する道です。もちろん、趣味の仲間を作ってもいいのですが、オタクは一人で追究するのがふさわしい気がします。

僕自身、オタクの一人であることは間違いありません。

10歳のときに手塚治虫さんの『地球大戦』という作品に大きな衝撃を受け、夏休み中、どこにも遊びに行かず、ひたすら模写したのを覚えています。

当時は「オタク」という言葉がなかっただけで、やっていることは漫画オタクそのものでした。それまで絵画の先生から水彩や油絵を習っていた僕は、漫画の世界に目覚めてからというもの、しだいに漫画風の絵を描くようになりました。

当時は、まだ漫画家になろうとまでは考えていませんでしたが、好きな漫画を探求し続けた結果、３年間のサラリーマン生活を経て、プロの漫画家としての道が拓かれました。

あの頃、漫画という生涯にわたって熱中できる対象に出会えたことに、本当に感謝しています。70代の現在も日々熱中できているのですから。

漫画の世界で成功している人は、ほとんど漫画オタクではないかと思っています。けっして絵を描くのが上手くなくても、漫画オタクには独特の熱量があります。その熱量が作品から伝わるからこそ、読者をひきつける作品が生まれているように感じるのです。

“オタク魂”こそが生きるパワーの源なのです。

アートや学問の世界を見渡しても、第一線でオタクが活躍していることに気づきます。

僕が大好きな映画の分野では、同世代のスティーブン・スピルバーグやジョージ・ルーカスなど、〝映画オタク〟の少年がそのまま世界的な巨匠に上り詰めたという印象があります。

誰しも、子どもの頃に何かに熱中してワクワクした経験があるはず。70代を迎えた今、そのときの気持ちを思い出して再びチャレンジをしてみるのも、おもしろそうです。

幼い頃に当たり前のように熱中していた趣味を忘れてしまっていることも意外に多いので、一度、振り返ってみてください。

何をやってもOKです。ピアノの練習でもいいし、釣りでもいい。多少経済的に余裕がある人は、子どもの頃にかなわなかった大きなプラモデルや飛行機のラジコンを作ってみるなんてどうでしょう。

埼玉から東京を流れる荒川の河川敷では、中高年が大きなラジコン飛行機を持ち寄り、大空に飛ばしている光景も見られます。

もちろんお金をかけない趣味もたくさんあります。写経をするとか、ひたすら地図を見るとか、散歩の途中に建築物を鑑賞するなど、オタク道のネタはたくさん転がっています。それをフェイスブックやツイッターなどのＳＮＳ（交流サイト）で発信してみると、見知らぬ人から思わぬ反響を得て、ネット空間での輪が広がっていくかもしれません。

オタク道を究めたら、友人が少なくても、余生は結構幸せなものになる。僕はそう確信しています。

肩書き抜きで地域とつき合う

長年同じ地域に住んでいると、最低限の近所づき合いからは逃れられない部分もあるでしょう。

例えば、分譲マンションに住んでいると「管理組合」という居住者による組織があり、理事の役割を順番に引き受けなければならなかったりします。僕自身は、仕事の締め切りに追われていることを理由に、丁重に遠慮を続けているのですが……。

一方、地方に住んでいると、災害対応などを想定して、近隣の住民同士で安否確認や救助活動が期待されているという話も聞きます。そうしたことを考えると、地域では孤立するより、ある程度の人間関係を作っておいたほうが望ましいのは確かです。

ただ、ここで一つの問題が浮上します。

男性は地域の人間関係作りを苦手とする傾向があるのです。

女性はふだんから近所の人と井戸端会議をしたり、贈答品をお裾分けしたりする行為に慣れています。相手の社会的な立場とか経済状況にかかわらず、自然に仲よくできるという傾向があります。

なんといってもママ友には「子ども」という共通の話題があるので、何歳になっても話のネタに困ることはありません。

ところが、男性はその手の人づき合いがからっきしダメですね。

近所の人と顔を合わせれば、頭を下げて挨拶するくらいで、それ以上の会話となると、まるで続きません。近所の人づき合いを避けて、一人で閉じこもるパターンに陥りがちです。

無意識かもしれませんが、長年染みついた安っぽいプライドにしがみつこうとして、現役時代の肩書きをいつまでも引きずってしまう人も多いです。そのせいで、垣根を越えて人とつながることが不得手なのです。

実際に地域の会合などが開かれると、男性のしょうもないプライドがあらわになって会話も弾まず、傍目に見ると痛々しい光景が繰り広げられることになります。

地域の住民は、過去の職業も経歴もバラバラです。会合があると、そういう人たちが一堂に会して話し合いをするわけです。

すると昔、会社の社長や役員だったりした人が、上から目線の発言に終始したりします。現役時代を通じて人に指図するスタイルに慣れきっているので、今さらへりくだった受け答えをすることができないようなのです。

会社に勤めていたときは、肩書きがあったからチヤホヤされていただけ。地域の会合に出たら〝一人のジジイ〟に過ぎません。それを自覚できないまま尊大に振る舞うわけです。

当然、周囲の人からは浮いた存在となってしまいます。

「なんなんだ、このエラそうなじいさんは。現役時代は何をやっていたか知らないけれど、まともな受け答えもできないのか」

そんな評価が瞬時に定着してしまうと、「扱いづらいやっかいな人」として腫れもの扱いされて、知らず知らずのうちに孤立してしまうのです。

地域では現役時代の肩書きを捨てることが基本中の基本です。

定年になれば、大工の棟梁だろうが、海外に赴任した外交官だろうが、大会社の社長だろうが、全員が平場に下りてただの「地域住人」となるのです。むしろ、キャリアを極めて深い教養を身につけた人ほど、謙虚でなければなりません。

自分のことについて話すなら、趣味や故郷のことなど、当たり障りのない話題にとどめておくのが賢明です。序章でもお話ししたように、余生を生きやすくするのは「謙虚であること」、これに尽きます。

第3章

墓なんていらない

死んだらすべてが終わり

僕は子どもの頃から人一倍、現実的な思考をするタイプの人間でした。

物心ついた頃には「サンタクロースなんて、どう考えてもおかしい。絶対にいるわけないだろう」と確信していました。

「サンタクロースはクリスマスの一夜のうちに、世界中の子どもにプレゼントを渡す」という話を聞いて、「そんなのどう考えても、時間的に間に合わない」と思ったのです。可愛らしくない子どもですね(笑)。

あれは、まだ小学校低学年だったでしょうか。クリスマスの夜、親から早めに寝るようにいわれ、眠くもないのに布団に潜ったことがあります。

なかなか寝つけずにいると、しばらくして案の定、父親が枕元に近づいてきました。僕が寝たふりをしていると、父親はプレゼントをそっと枕元に置いて戻っていきました。

「ほらな、やっぱり」と思いました。

ただ、子ども心にも、そのことを親に伝えて失望させるのは気の毒だという思いもありました。だから、朝起きてから初めてプレゼントの存在に気づいたふうに、わざとらしく喜ぶ演技をしていました。


その翌日、友人と遊びに行くと、お互いにクリスマスをどう過ごしたかという話題になります。

一人の子が「ねえ、プレゼントもらった？　サンタクロースってやっぱり本当にいるんだね」と興奮ぎみに話しかけてきたので、「そんなのいるわけないだろ」と即答したのを鮮明に覚えています。親には気を遣うわりに、友人には容赦がありませんでした（笑）。

世間的には、「サンタクロースを否定するのは夢がない」みたいな風潮もありますが、サンタクロースを無邪気に信じているのもいかがなものかと思います。やはり、子どもがある程度の年齢になったら現実を教えてしかるべきではないでしょうか。

そんなわけですから、死後の世界についても疑わしく感じています。
僕は漫画家ですから、ストーリーとして死後の世界を空想することはあります。でも、それはあくまでも想像の世界に過ぎません。

死んだらすべてが終わり。天国もなければ地獄もなく、輪廻転生もありえないというのが僕の見解です。

昔は、今より平均寿命がはるかに短く、いつ戦乱や病気で命を落としてもおかしくない状況にありました。強盗殺人に遭ってあっけなく死んだり、食糧難で野垂れ死んだりというのも珍しくはなかったはずです。

そんな世の中で、死に恐怖を感じる人、あるいは生きるのが苦しくてつらい人が、宗教に救いを求めるのは自然のなりゆきです。

「死んだら極楽にいける」「生まれ変わったら幸せな人生を歩むことができる」人々にそういう希望を与えながら発展してきたのが、宗教だったのでしょう。

僕自身は、こういった宗教の役割についてはよく理解しているつもりなので、けっして否定するものではありません。

でも、こと自分に関しては宗教観にもとづいて行動した経験はほとんどなく、宗教的な行事とも一定の距離を保つようにしています。

そういう意味では現実主義で無宗教なのです。

葬式も戒名もいらない

僕は無宗教で不信心な人間です。葬式のような宗教的イベントにも無関心です。

これまで僕は、作品の中で葬式のシーンをたびたび描いてきました。夫を失って涙を流す妻、遺影を抱えて気丈に振る舞う娘、会葬者を前に挨拶をする息子……。そんなシーンは情感たっぷりに描写できるのですが、こと自分の葬式となると、どうにもピンときません。

葬式は、物故者ではなく残された人たちのために行うイベント。そこに関わる人には、自分の死に向けて覚悟を新たにしたり、仕事の関係者とお互いの健康を確かめ合ったり、なんらかの意味があります。

だから、声高に「オレの葬式なんてやるな」と訴えるつもりはありません。**自分では「死んだらすべてが終わり」と割り切って考えているので、葬式なんてしてもらわなくても構わないのですが、世間がそれを許さない可能性はあります。「葬式はやりたい人がやればいいんじゃないですか」というくらいのスタンスです。**

本音をいうと「戒名もいらないのにな」と思っています。死んだあとに何十万円というお金と引き換えに、お寺から戒名をもらったところでどうなんでしょう。

そんなお金を家族に出してもらうくらいなら、生きているうちに美味しいものを食べたい。もしくは、後に残った家族が豪勢な焼き肉でも食べればいいと思ってしまいます。やっぱり現実的ですね。

誤解がないように繰り返しますが、僕は宗教やお寺の存在まで否定しているわけではありません。その昔、お寺は地域のコミュニティとして重要な役割を果たしていました。お坊さんを中心に、地域の人がお菓子を持ち寄って集まり、縁側でお茶を飲みながら話をする。そんな交流の場として機能していました。

その後、そうした場が病院の待合室に移行し、さらに公園や空き地での朝のラジオ体操の場に移行してきたため、相対的にお寺の存在感が薄れてしまいました。それでも、お寺の存在を心のよりどころにしている人は一定数いるはずです。

子どももお坊さんからお説教を聞いたりして、「やっていいこと・わるいこと」を学ぶ教育的な意義も大きかったのでしょう。

そうした歴史的な意義とか、今もお寺を大切に守っている人たちを尊重したうえで、あくまでも僕個人は「葬式も戒名もいらない」と思っているだけです。

自分の死後のお葬式や戒名について気になる人は、家族と話し合っておくのもいいでしょう。信心深い人は、お寺と宗旨を大切にすればいいのです。立派なお葬式を上げたければ、それもまたよしです。

最近では、葬式の規模を小さくしたいという需要が増えているようです。長生きをすると参列者も少なくなるので、限られた近親者で静かに故人を弔うかたちが取られているようです。

家族だけで行う「家族葬」（密葬）、通夜や告別式などのセレモニーは行わず、自宅や病院から遺体を直接火葬場に運ぶ「直葬」を選ぶケースも目立つようになりました。葬式にも選択肢が広がっているのですね。

最終的にどんな葬式を執り行うかは、残された家族が決める問題です。ただ、生前に本人の希望するところを伝えておけば、家族の参考になると思います。

お墓もいらない

葬式も戒名もいらないといいましたが、墓についても同じ考えです。僕自身は、自分の作品こそが生きた証であり、墓地代わりだと思っています。

家族が墓に入れたいならそうすればいいし、散骨したいなら好きにしてほしい。海などに散骨してくれたほうが、さっぱりしていてよさそうですね。

法律の範囲で、誰にも迷惑をかけないのであれば、庭のあたりに埋めてくれても構わないというのが本音です。

世の中の風潮からしても「墓はいらない」という声が大きくなっているようです。お墓を重んじていないというより、多くは子どもたちに経済的な負担をかけたくないからだといいます。

なにしろ、新しく墓地と墓石を購入しようとすると、数百万円単位でお金がかかります。仮に墓地代は自分で準備しておいたとしても、お墓の管理料やお寺へのお布施など、埋葬後の維持費も必要になります。

子ども世代も経済的に余裕があるとは限りませんから、余計な負担をかけたくないという親心は十分に理解できます。

そんな背景から、ロッカー式のお墓や、都会のビルにある納骨堂、樹木葬など、お墓の簡素化・多様化も加速しています。これらは時代のニーズに合った必然だと思いますから、生前に自分が好きな埋葬法を選んで、家族に伝えておくのもいいでしょう。

お墓といえば、すでに存在する両親の墓をどうするかという問題もあります。読者の中には、故郷に先祖代々の墓があるものの、おいそれと墓参りをすることができない人もいるでしょう。

そんな人にとっては、「墓じまい」をするのも一つの選択肢です。

僕の場合は、故郷である山口県岩国市に先祖代々の墓があり、すでに亡くなった父親も入っていました。高台にあり、ロケーションもよかったのですが、遠方に暮らす僕たち姉弟も母親も、なかなか墓参りをすることはできません。

そこで、思い切って埼玉県にあるお寺の墓地へと引っ越しすることにしたのです。先祖代々の菩提寺の住職を説得するのに難儀しましたが、どうにかこうにか理解してもらえました。

なぜ埼玉県に引っ越したのかというと、都内の境内墓地には空きがなかったのと、実はもう一つ、僕がよく行くゴルフ場に近いという理由もありました。ゴルフをした帰りに、たまに墓参りをすればいいと考えていたのです。

ところが、いざ墓を引っ越ししても、結局はなかなか墓参りに行く機会を作ることができていません。ゴルフをしたあとに墓参りというのも、なかなか現実には難しいことがわかりました。

お寺の住職は、僕のことをどう思っているのでしょう。「まったく、親不孝なやつだ」などと苦々しく思っているのかもしれませんね。

ちなみに、うちのかみさんは何年か前、自分で都内に父親のお墓を作りました。その霊園は無宗教で、動物の納骨も認められています。そんな自由な雰囲気が気に入ったようです。

あるとき、岳父の命日のタイミングで一緒にお墓に行ってみたのですが、なかなかいい雰囲気でした。墓石一つをとっても、形がさまざまで、自由奔放なのです。墓地特有の湿っぽさがなく楽しそうで、「こういうのはいいな」と感じました。

今の時代、お墓の形はさまざまで自由に選択できます。そして、別に夫婦一緒でなくても、本人が望むなら、好きなお墓に入るのが一番だと考えています。

最近は、墓石を作らないどころか、故人のデータをインターネット上に登録する「ネット墓」も登場しています。

故人と生前ゆかりのあった人が、スマホやパソコンから「ネット墓」にアクセスし、手を合わせたりメッセージを寄せたりして故人を偲ぶ「ネット墓参り」をするのだそうです。

あるいは、故人が生前残していたブログやSNS（交流サイト）などが「墓標」として残されるという話を聞いたことがあります。

今は、高齢者でもスマホやパソコンを使いこなす人が増えましたし、SNSに投稿している人もたくさんいます。定期的に投稿していた人がしばらく音沙汰ないかと思っていたら、実は本人が亡くなっていた——みたいなことが数多く起きているはずです。

僕の考えは死んだらすべてが終わり。ブログやSNSが残っても問題はないという考えです。

故郷は記憶にあるだけで十分

人生の最後は生まれ故郷に帰り、先祖代々の墓に入る。都市部へ移住した人にとっては、これも一つの人生の締めくくり方です。

両親が亡くなって空き家になった実家をリフォームして住む。あるいは、同じような理由で空き家になっている家を借りれば、住処はとりあえず確保できます。家屋が多少古くても、自分の余命を考えれば「まあ大丈夫か」となるかもしれません。都会に比べれば賃料も物価も安いので、年金生活者の暮らしとしては理にかなっています。

人間は年を取ると、昔が懐かしく感じられます。故郷の自然の風景は、記憶の中で美化されがちです。

「あんなふうにきれいな景色の中で、人間らしい暮らしがしたい」

「人生の最後くらいは、ゆったりした環境で静かに生きたい」

そんな気持ちが抑えがたくなってきます。まあ、理解できないではありません。ただ、現実を知らずに田舎暮らしを理想とするのは考え物です。地方には、よそ者に対して排他的な傾向があったりします。

都会から移住してきた人が仲間はずれにされる、嫌がらせを受けるケースなどはよく聞く話です。

例えば、道ですれ違ったとき、こちらが挨拶しても無視されるなどというのは、まだかわいいもの。ゴミ収集所の利用が許されない、逆に自宅の庭にゴミを投棄される。自治会への加入を拒否される。

病院に行くと、いつの間にか病名まで近所に知れ渡っている。息子夫婦が帰省しただけで、あることないこと噂話をされる。このようなプライバシーの侵害も、ある程度は覚悟しなければなりません。

アウェーな状況を打開しようと思ったら、相当な時間と労力を強いられることにもなりかねません。夏には率先して草むしりをして、冬場は公道の雪かきをするなど、コツコツと地域に奉仕し続け、ようやく受け入れてもらえるのが実情だと思ったほうがいいでしょう。

地域の足場作りはある意味、体力勝負でもあります。地道に信頼関係を作ろうと思ったら、相当な時間もかかります。つまり、70代になってから地域に馴染もうとするのは至難の業なのです。

僕自身は、前述したように故郷の墓も引き取ってしまいました。田舎暮らしへの憧れもありません。東京で暮らし、このまま人生を終えていくのが、ほぼ確定しています。

なんといっても都会は便利で刺激的です。映画館も文化施設もたくさんあります。魅力的なイベントも開催されていますし、美味しい飲食店もあふれています。

病気になっても大きな病院が近くにあるなど、医療体制も充実していますし、交通インフラも発達しています。長年住み続けて慣れ親しんだ便利な生活環境を今さら手放したくはありません。

都会は自然環境に恵まれているとはいえないものの、それでも東京でいえば、明治神宮の森や白金台の国立科学博物館附属自然教育園など、豊かな自然を感じさせるところはあります。自然に触れたければ、都心でもそうした場所を散策するという選択肢があるのです。

僕は、今さら故郷に近づかなくてもいいと思っています。故郷は記憶にあるだけで十分です。

親戚づき合いもほどほどに

年を取っておいそれと帰省しなくなれば、必然的に地元の親類縁者とも距離を置くことになるでしょう。これは友人関係にも通じますが、親類縁者とのつき合いも無理のない範囲に整理していいと思います。

親類縁者だからという理由で、関係を重視すべきという風潮がありますが、それ

にとらわれてしまうと苦しくなります。

親戚づき合いを大事にする背景には、血縁重視の伝統があります。海外のように養子縁組が広まらないのは、この血縁重視の文化があるからだという説もあります。確かにそうかもしれません。

おそらく昔は、血縁重視にも意味があったのでしょう。社会保障制度が整っていなかった時代には、親類縁者で助け合いながら、経済的な困難を乗り切る必要性がありました。

「親戚に学費を援助してもらって学校を卒業した」というケースも、今よりずっと多かったはずです。

だからこそ、正月には全員が長男の家に集まったり、本家に挨拶に行ったりするような慣習が守られてきました。日本人にはしきたりを重んじるところもあり、やめるにやめられないという感じでしょうか。

僕の母親も、家で葬儀が行われると初七日、四十九日、一周忌……と、香典を誰から幾ら受け取ったかを事細かくノートに記録し、それに応じたお返しをしていました。昔の人は、みんなそうするのが当たり前だったのです。

でも、時代は変わりました。ほとんど会ったことのない親戚より、SNS（交流サイト）でつながっている友人のほうが支えになってくれるようなこともあるでしょう。まさに遠くの親戚より近くの他人です。

ですから、故郷で行われる結婚式や法事などのイベントには、律儀にすべて参加しなくてもいいのではないでしょうか。

顔も知らない親戚の法事に参加するのなら、世話になった友人・知人の法事に時間やお金を使ったほうが、よほどいいと思うのです。

高齢者にとっては、お祝いや香典を用意するのが大変な場合もあります。親戚づき合いを減らせば、余計な負担も軽減できます。

「そんなことをしたら、全員から袋だたきに遭う。とてもじゃないけど無理」という人は、「高齢を理由に葬儀には参加しない。少額の香典だけ包む」といった基準を決めてもいいのではないでしょうか。それでもなお「あいつは礼儀知らずだ」などと思われたら、潔く受け入れるだけです。

身近な例でいうと、僕の姉は大阪に住んでおり、少し前に娘（僕の姪っ子）が結婚したのですが、姉からは「わざわざ来なくていい」とＬＩＮＥで連絡がありました。姉と会うのも母親の介護施設に行ったときくらいで、それ以上の深いつき合いはなし。かといって、けっして不仲というわけでもありません。

こんなふうに、お互いに気を遣わないのが一番心地よいのです。

持ち物を処分して執着や見栄と決別する

「お墓は子どもの負担になるからいらない」

そういっておきながら、自宅に大量のモノを残すというのは、なんだか矛盾しています。自分の亡き後、誰かが遺品の整理をすると考えたら、最低限の生前整理はしておきたいところです。

今は、必要最小限の持ち物で生活をする「ミニマリスト」と称する人も増えています。中には行き着くところまで行き着いて、冷蔵庫を手放したとか、布団まで捨ててしまったとかいう猛者もいます。そこまでいくと極端でしょうが、ミニマリストというのはなかなかおもしろい発想です。

仮に、僕が6畳一間を終の住処とするなら、何を持っていくだろうか。そんな夢想をして楽しむことがあります。

まずは着替え数着と、仕事に不可欠な筆記具、自炊するのに手鍋一つとフライパン、食器も1セットあれば十分か。そんなふうに考えていくと、かなりさっぱりした空間になるはずです。

持ち物を減らせば、精神的にもスッキリします。モノに付随した思い出に対する執着、モノを持つことで取り繕ってきた見栄、そんなこんなとキッパリ決別できるのです。

「いつか使う」と思っていても、その「いつか」はあと何年残されているのでしょうか？　80歳とか90歳になったら、使わないものがたくさんあるはず。不要なものはどんどん処分して、年々身軽になるくらいがいいです。

男性に多いのが、好きな映画のＤＶＤやテレビ番組をダビングしたものをため込んでいるケース。中には20～30年以上前のＶＨＳのビデオテープやレーザーディスクなどを後生大事に保管している人がいるかもしれません。

こういったものは、家の中でかなりのスペースを占拠してしまいます。思い切って処分を検討しましょう。

お金をかけてデジタルデータ化するなんて無意味です。だいたい「いつか観よう」と思っていた映画やテレビを、これまで何年放置しっぱなしだったでしょうか？ほとんどは保管しているだけで、観たことはないのではありませんか。

「毎年正月には黒澤明の『七人の侍』を鑑賞するのが恒例行事になっている」こんな場合を除いて、5年以上再生していないものは思い切って処分しましょう。

ＤＶＤやビデオの類いを整理したら、次は本です。

僕も職業柄、たくさんの本を所有してきましたし、こうして本を執筆する立場でもあるので、本にはひとかたならぬ愛情があります。学生時代から愛読してきた本や、貴重な本は本棚に大切にしまってきました。

ただ、近頃は小さな活字の本がいよいよ読めなくなりました。学生時代の愛読書も、もう一度読み直すかといったら、読み直さないだろうと確信できました。そこで、思い切ってまとめて処分したのです。

本を捨ててから、後でやっぱり読みたくなるということはあるかもしれません。それでも、今は電子書籍を買う方法もありますし、ネット古書店で検索すればたいていの本は手に入ります。

特に、ずっと昔からある豪華な百科事典などは、真っ先に放出すべきです。百科事典が置いてあるかどうかで教養を測るなんて時代遅れです。教養がある人は、コンスタントに読書をしている人なのです。

「捨てられない人」の最終手段

ＤＶＤや本が片づいたら、余勢を駆って洋服や靴の処分にも着手しましょう。

今はユニクロなどのファストファッションが、あらゆる世代に普及しました。「安いから」という理由でついつい服を買っていたら、どんどんクローゼットに積み重なっていきます。

でも冷静に考えると、常時着ている服は、多くても5着くらいのものじゃないでしょうか。洗濯を繰り返しては、同じシャツを何度も着回している人が多いと思うのです。

ひとまず、何シーズンもクローゼットに眠っていた服、ヨレヨレになった服はひと思いに処分しましょう。

状態がよく、もらってくれる人がいる場合はタダで譲ります。あるいは、慈善団体などに寄贈をするのもよいですね。ちょっとネットで調べれば、寄付先の団体がいろいろと見つかります。

捨てるにしのびないのは、高価なブランドものです。今となっては流行遅れでサイズも合わない。でも買ったときには1着何十万円もしたことを思うと、簡単には捨てられない。僕にも身に覚えがあります。

少しでも回収したいからといって、リサイクルショップに持ち込んだところで二束三文の値段を提示されるのがオチです。メルカリなどのフリマアプリで売ろうにも、手間がかかるうえに、なかなか買い手がつかない状況が容易に想像できます。

どんなに大枚をはたいて手に入れた服でも、古くなったら廃棄物同然の扱いを受けます。だったら、やはり自分の手で処分するしかありません。

さて、いざ捨てると決意したのに、なかなか踏ん切りがつかない人に、ちょっと過激ながら確実な方法を教えましょう。

それは、家庭用の生ゴミを入れる袋の中に、洋服を一緒に入れてしまうやり方です（住まいの自治体が燃えるゴミに分類している洋服に限ります）。一度生ゴミがついてしまえば、さすがにもう一度取り出して着ようとは思わないでしょう。

洋服を入れたあと、ダメ押しでキッチンの三角コーナーをつかんで、中身をゴミ袋に捨てる。これで完全にあきらめがつきます。

ある程度、洋服と靴の整理がついたら、今度はこれ以上増やさないように心がけます。僕が実践しているのは、「1枚買ったら1枚捨てる」というルールです。

シャツを１枚買ったら、クローゼットから一番いらなそうなシャツを１枚取り出して捨てる。下着などは３枚一緒に購入する場合が多いので、それを収納するときに、使い古した３枚を放出します。

実は、そうやってルールを忠実に守っているつもりでも、気がつくといつの間にか増えてしまうのが洋服の恐ろしさです。

僕の経験上、「3枚買ったら5枚捨てる」のペースで取り組むのが現実的です。この方式なら洋服を着実に減らしていくことができます。

いずれにしても「買うなら捨てる」というルールを自分に課してから、僕はむやみに服を買わなくなりました。新しい服がほしいと思っても「本当にこの服着るかな」「今ある服を捨ててまで買うべきなのか」と考え、自制心が働くようになったのです。

今ではクローゼットがだいぶスッキリしました。気分爽快です。

第4章

お金なんて残すな

子どもにお金を残しても

ある人から、こんな話を聞きました。

その人（Aさん）は、サラリーマン人生をまっとうし、リタイア後はそれなりに慎ましくも楽しく暮らしていました。ところがあるとき、息子夫婦から次のような提案を受けました。

「子どももできたし、新しく家を建てようと思うんだ。ついては頭金２０００万円を出してくれないか。二世帯住宅にして、お父さんたちの部屋も作るからさ」

Aさん夫婦にとって、２０００万円は老後資金そのもの。ほぼ全財産といえます。

「オレたちの老後の生活はどうなるんだ?」と不安に思って尋ねると、息子はこう答えます。

「大丈夫だよ。オレたちがちゃんと面倒を見るから」

そんなわけで、交換条件が成立。Aさんが息子夫婦に虎の子の老後資金を渡すと、しばらくして念願の二世帯住宅が完成しました。

いざ引っ越しをしてすぐ、Ａさんは異変に気づきます。

まず、思っていたより自分たち夫婦の居住スペースが狭いことです。事前に図面を見せられたときには、もっと広かったような記憶もあり、息子に丸め込まれてしまったような気がしてなりません。

もう一つの見込み違いは、お嫁さんとの折り合いが悪くなってしまったことです。どうやら息子は、二世帯住宅にする提案をお嫁さんに十分納得してもらわないまま、半ば強引に押し切ってしまったらしいのです。

お嫁さんの態度からは「しぶしぶ一緒に暮らしている」という感情がみえみえで、いつの間にか関係もギクシャクしてしまいました。

居たたまれなくなったＡさん夫婦は、新築の二世帯住宅を出ることを決断。今は、小さなアパートを借りて年金生活をしています。

別居を決めたのはＡさん自身ですが、後になってから「息子は最初からこうなることを見越していたのでは？」「後からお嫁さんの顔を立てて、オレたちを体よく追い出したんじゃないか？」という憶測もわいてきて、モヤモヤする日々。

後になって悔やんだところで、もうお金は戻ってきません。

頼みにしていた老後の資金がなくなり、Ａさん夫婦は不安を抱えながら、細々と毎日を過ごしています――。

このＡさんの事例は、いってみればありふれた悲劇です。「結婚式の費用」「孫の教育資金」など用途は違えど、似たり寄ったりの話が全国あちこちで起きているのです。

「老後の面倒」をあてにした結果、老後不安をさらに大きくしてしまうなんて、笑うに笑えない悲劇です。

僕は、子どものために必要以上にお金を使ったり残したりすべきではないと考えています。「親は親、子は子」で自分の人生に責任を持つのが原則です。

「オレはお前たちの世話になるつもりはない。その代わり、自分で作った財産は自分たちで使わせてもらう。後はお前たちで好きなように生きろ」

そんなふうに、きっぱりと宣言してしまったほうが、お互いに甘えず自立した人生を歩めるはずです。

自立を促すのが親の役割

子どもが親のお金に依存する状況は、すでに社会的な問題となっています。

一つは「パラサイト破産」と呼ばれるものです。高齢者が子どもに経済的な援助を続けた結果、資産を使い果たしてしまい、破産に追い込まれてしまうという問題です。

そしてもう一つ、「８０５０問題」というものもあります。８０５０とは、「80代の親の年金をあてにしている、引きこもりの50代の子ども」という意味です。

親が80代の高齢ともなれば、子どもはおおよそ50代の年齢に達します。50代の子どもたちが仕事もせず、親の年金をあてにして生活する状況がみられるようになっているのです。

親が公務員で安定した年金給付を得ているような場合、持ち家に住んでいれば、パラサイト破産しないまでも、なんとか親子で生活していくことができます。

そうやって子どもが親の年金をあてにしていると、いよいよ親が亡くなったときに子どもの生活や自宅を維持できるのか、という問題が生じます。

極端な事例でいうと、親が亡くなっても遺体を自宅に放置し、親の年金を受給し続けたという死体遺棄・年金詐取の犯罪がニュースになることもあります。

子どもが仕事をしていない事情は、家庭によってさまざまです。引きこもりのまま中高年になってしまったケースもあれば、不景気でリストラに遭ったとか、親の介護のために離職したケースもあります。

すべてのケースで子どもが親に甘えていると決めつけるつもりはありません。また、親が経済的に裕福で、子どもたちにお金を出しても痛くもかゆくもないのなら、あえて咎《とが》めるつもりもありません。

でも、いい年をした子どもが、いつまでも親に経済的に依存する姿を見ると、果たして本当にいいことなのかと考えてしまいます。子どもが社会人になったら、親としての義務は終わり。あとは対等な関係でつき合うべきです。

僕の意見としては、子どもが親と同居し続けるのは好ましくないと考えています。少なくとも、大学を卒業したら、子どもには一人暮らしをさせたほうがいいです。

会社が実家から近いとか、家に部屋が余っているとか、子どもの給料が低いからといった理由にはあえて目をつぶり、自力で生活させるのです。

そういうとちょっと冷たい感じに聞こえるかもしれないですが、子どもに愛情がないのではありません。むしろ、我が子を想ってのことです。

人生にはいろいろな困難や理不尽な出来事が待っています。壁に突き当たったときには、周りの人に相談したり助けてもらったりするにせよ、最終的には自分の力で乗り越えていかなければなりません。

しかも、順番からいえば親が先に死ぬわけですから、いつまでも子どもは親に頼るわけにはいきません。だからこそ、親が気力・体力とも元気なうちに、子どもに自立を促す必要があるのです。

親が何かと甘やかせば、子どもは親に依存する一方です。場合によっては、親が自宅を引き払って、中古マンションやアパートに夫婦だけで暮らすといった覚悟も求められます。線を引くべきところできっぱりと線を引くのが、長い目で見れば、我が子のためになると思うのです。

自分のお金は使い切る

究極の理想をいえば、死ぬ1日前までに全財産をきれいさっぱり使い切る。そして、いよいよ人生の最終日を迎えたら、ポケットの中にある100円玉で水のペッ

トボトルでも買い、ごくごくと飲みきった末に「ぷはー！　最高の死に水だな！」とうそぶいて死ぬ。こんな感じがいいですね。

もちろん、そんな都合よくいかないのは自分でもよく理解していますし、いろいろと現実的な事情も絡んできます。

自分がいつ死ぬのかわかっていれば、その日に向けて計画的にお金を消費できます。しかし、人間が自分の死期を正確に予期するのは不可能です。結果、お金を使い切る前に早々にこの世を去ることになったり、逆に使い切ってから生き長らえて苦しい生活を送ったりすることになるわけです。

どのみち計画通りにはいきません。思いも寄らなかった出来事を体験するからこそ、人生は楽しいともいえます。

そうした不確定要素を踏まえたうえで、ある程度の資産を持っている人は、最低限必要と思われる金額を残しておきつつ、適度に消費することを意識してほしいのです。

団塊の世代は、幸運にも好景気の時代を謳歌しました。下の世代と比べれば、預貯金にも余裕がある人が多いです。だったら、最後は感謝の気持ちも込めて、ため込んだお金を使い、経済を回すことに貢献してはどうでしょうか。

日本では、お金を持っている団塊の世代をターゲットにしたマーケットに注目が集まっています。ジャパネットたかたなどのテレビ通販を観ていても、その傾向を強く感じます。

例えば、新型コロナが感染拡大する以前は、クルーズ旅行商品が頻繁に紹介されていました。ＪＲ九州が「ななつ星ｉｎ九州」という豪華クルーズトレインをヒットさせて以降、「ＴＲＡＩＮ ＳＵＩＴＥ 四季島（トランスイートしきしま）」「ＴＷＩＬＩＧＨＴ ＥＸＰＲＥＳＳ 瑞風（トワイライトエクスプレスみずかぜ）」といったクルーズトレインが話題となりました。

こうしたクルーズトレインブームを牽引してきたのも団塊の世代です。

旅行商品以外にも、もともとは会議の録音用に開発されたＩＣレコーダーを、家庭内で備忘録代わりに活用できると提案して、シニア世代にヒットした事例もあります。

今は、誰もがいつ何が起きても不思議ではない時代を過ごしています。気持ちが消極的になりがちだからこそ、消費を通じて高齢者も人生を最後まで謳歌すべきだと思うのです。

後生大事にお金を抱え込んだまま死んでしまったら、悔やむに悔やみきれません。やはり、お墓までお金を持っていくことはできないのですから。

縮小を楽しもう

「そうはいっても、やっぱりお金に不安がある」という人の気持ちは、もちろんわかります。

少し前に「老後2000万円問題」が大きな話題となりました。発端となったのは、金融庁の金融審議会がまとめた報告書です。

報告書では、夫65歳、妻60歳で、ともに無職の夫婦が30年後（夫95歳、妻90歳）まで元気に長生きすると仮定すると、およそ2000万円のお金が足りない（つまり蓄えておく必要がある）と試算しています。

具体的には、平均的な収入が月21万円で、支出が26万4000円くらい。毎月5万4000円程度の赤字が30年続くと、その30年で2000万円足りなくなるという計算です。

収入の柱をなす「年金」は、国民年金のみ加入していた自営業の人と、厚生年金に加入していた会社員、さらに企業年金の制度が整っている大企業に勤務していた人、年金型の生命保険に加入していた人では、受給額が異なります。

また、すでに70代を迎えている団塊の世代に必要なお金は、単純に考えて2000万円より少ない数字になるでしょうが、いずれにしても「お金が足りない」といわれると不安になるのが人情です。

「老後資金はいくらあっても足りない」という考えにも一理あります。

「がん、糖尿病、心筋梗塞、脳卒中など、大きな病気をいつ患うとも限らないし、高額な治療費がかかったら、あっという間に老後資金が不足する」

「この調子で年金制度が維持できるなんて保証はないから、信用できない」

そんなふうに考え始めたら、キリがありません。

僕が断言できるのは、どんなにお金があっても老後不安は絶対になくならないということ。だからといって、「貯蓄なんて全然いらない。なるようになる」などと無責任にいうつもりもありません。

強調したいのは、「いつまでも若いときと同じレベルの生活を維持しようとするのはやめよう」「お金に振り回されない生活をしよう」ということです。

いい換えれば、生活をダウンサイジング（縮小）していくという視点が重要です。

そういうと、なんだか寂しい響きがありますが、むしろ「縮小を楽しもう」というのが僕の提案です。

不安でビクビク生きるのはやめて、身の丈にあった消費をしながら豊かな生活を実現していくことを考える。そこに楽しみを見つけていく発想が求められるのです。

人目を気にしていたらお金は消えていく一方

生活の縮小を図るにあたって、最初に取り組みたいのは、「見栄」や「プライド」を捨てることです。

団塊の世代は、おおよそ働き盛りの40代に空前の好景気である1990年前後のバブルを経験しました。その後の長期的な不況に苦しみもしましたが、多くは気に入ったクルマや洋服などを手に入れ、美味しいものを食べるなど、ある程度快適な生活を送ってきたと思います。

中には、サラリーマン時代の部下や後輩を自宅に招き、「素敵なご自宅ですね、いやはや立派です」などとおだてられた過去があるかもしれません。

そんな若くて上昇志向だった時代の記憶が忘れられず、いつまでも現状の生活レベルに執着してしまうところに問題があります。

「華やかな生活を維持したい」という思いの裏側にあるのは、見栄やプライドです。

「年を取ってみすぼらしくなったと思われたくない」

「セコいと思われたら恥ずかしい」

そんな見栄やプライドのせいで、ついつい財布の紐が緩みます。

人目を気にしていたら、お金は消えていく一方です。だから、まずは見栄やプライドを捨てることが大事なのです。

前述した、お歳暮やお中元をやめようというのも、見栄やプライドを捨てることと関係しています。

「たいして交流のない友人に向けて、いい格好をしても仕方がない」

そう割り切って贈り物をやめれば、余計な出費は抑えられます。

また、いつやってくるかわからない友人や知人のために高価な家具やインテリアを揃えておくというのも、つまらない見栄です。

「このテーブル、リサイクルショップで安く買ってきたのを自分で手を入れて再生させたんだ」なんていうほうが、よほど関心を誘います。

見栄やプライドを捨てるにあたっては、自然の流れに逆らわず、老いを受け入れる姿勢が大切です。

「現状維持の生活をしたい」というのは、人生の下り坂に無理矢理逆行するようなもの。逆行して、もがけばもがくほど、余計に苦しくなるだけです。

「若さ」が善とされ、アンチエイジングという言葉もてはやされていますが、個人的には「若々しさ」より「痛々しさ」を感じてしまいます。

心身の若さを保つことと、表面的な見た目の老いに抵抗することとは別の話です。人間が老いて生活を縮小していくのは自然の流れであり、つまらない抵抗をしてお金を浪費するのは、残念な生き方だと思うのです。

お金をかけて無理に若作りしても、「いい年をしてみっともない」と思われるのが関の山です。年寄りにはシブくて慎ましい生活が似合っています。とにかく、逆らわずに生きるのが一番です。

持ち家を手放すという選択

生活を縮小する一つの手段として、住む場所を変えるという選択肢もあります。

ライフステージとともに、住むのに適した家は変化していきます。独身時代は６畳一間のアパートで生活していた人が、結婚すると２ＤＫの部屋に引っ越し、子どもができるといよいよマンションの購入を検討したり、一戸建てを構えたりします。

そうやって、だんだんと大きな家に住んでいても、子どもが独立して夫婦２人の生活に戻ると、かえって広い部屋が不便に感じられるようにもなります。

使わない部屋があっても、定期的に掃除をする必要があったりして面倒。固定資産税もかかりますし、経年劣化でメンテナンスにかかる費用も軽視できません。

また、地価の高い立地だったら、将来的に相続税の負担を子どもに負わせることにもなります。

こういった諸事情を考えてみると、持ち家を売却して、新婚時代に暮らしていた

ような広さの中古マンションやアパートに引っ越すのも選択肢となり得るのです。

部屋数が少なくなれば、必然的にモノを減らすことにもつながります。持ち家の売却益から小さな中古マンションを購入したりすれば、残ったお金を老後資金にあてられるでしょう。

借家の場合、高齢者は賃貸契約が難しいという問題はあります。高齢者は一般的に収入が少なく、健康上の不安もあるため、大家さんが入居を敬遠してしまう傾向は否定できません。

ただ、昨今は急速に高齢化が加速し、人口減少も始まっていますから、大家さんも贅沢をいってはいられません。実際、徐々に高齢者が賃貸住宅に住むハードルは下がっていくという予想もあります。

企業や自治体によっては、高齢者の住宅支援サービスを設けているケースもあるので、情報を集めて吟味していけばよい選択肢が見えてくるはずです。

「長年愛着のある家を手放したくない」「今さら引っ越すのも心理的な負担が大き

い」という人は、一戸建ての住宅をリフォームして賃貸併用住宅にする方法だってあります。この場合、リノベーション（大規模改修）の費用負担や安定した家賃収入が得られるかなどの問題が発生します。

住まいに関しては唯一絶対の正解はありませんが、生活の縮小の一環として考えてみてください。

節約をゲーム化して楽しむ

１４６ページでなるべくお金を使うということを提案しましたが、現実問題として高齢者のお金の使い方に関しては「節約」が基本になるでしょう。毎日の生活は質素にしつつ、ときどき贅沢する。そういうメリハリを意識しながら、長続きさせるのがコツです。

節約というと、ほしいものをガマンして、生活を切り詰めるという後ろ向きなイメージが伴います。このネガティブなイメージこそが、節約を敬遠したくなる理由かもしれません。

発想を転換して、節約をゲーム感覚で楽しむようにしたらどうでしょうか。例えば、スーパーで食材を買うときにも「いかに安く買うか」という課題を掲げて挑戦してみるのです。

スーパー各店のデジタルチラシや新聞の折り込みチラシなどを見て、特売商品をチェック。最もお得に買える組み合わせを導き出して、近隣のスーパーをハシゴしながら買い揃えたりします。

若い頃には「時間をお金で買う」という発想もよしとされますから、スーパーのハシゴなんて、時間の無駄の最たる行為です。でも、時間に余裕のある70代なら、ときどきこういうゲームに挑戦してみるのもおもしろいです。

食材の値段を計算すれば、多少なりとも脳の刺激になりますし、スーパーをハシゴすればウォーキングもできるので好都合です。

ひと通り買い物を終えたら、前回買い物をしたときとの差額をはじき出し、いくら節約できたのかを計算します。

「おー、今日は347円安く抑えられた！　いい感じだ」

ほんの些細な金額かもしれませんが、前回買い物をしたときの自分との勝負です。節約したお金を貯めて、夫婦でちょっとしたレストランで食事をする。あるいは、ライブや舞台鑑賞のチケット代にあてることもできるでしょう。

その延長線上で、毎月の食費を1万円以内にするというゲームにしてもいいですね。テレビのバラエティ番組にありがちな企画です。

本当に食費に1万円しかかけられないのだとしたら、この節約は苦痛に感じられます。けれども、そうでなければあくまでもお遊び、ゲームなのです。

仮に予算オーバーしても構いません。ゲーム感覚で気軽に取り組むところにおもしろさがあります。僕だったら、まず5kg1500円くらいのお米を買います。探せばもっと安いお米もありますが、あまりに粗悪なお米だと食事そのものが楽しめないので、そこは要注意です。

野菜でいうと、大根はかなり重宝します。大根は煮物にしたり、味噌汁に入れたり、おでんの具にしたりと、いろいろな料理に活用できます。

通常、「安い大根」というと1本158円くらいでしょうか。それがタイムセールで100円になっていたら、僕は間違いなく買います。

大根の葉っぱを捨ててしまう人も多いですが、それはもったいないです。僕なら大根の皮を厚くむいて、千切りにしたものと、刻んだ葉っぱに、塩と昆布、鷹の爪を合わせ、手もみして漬けた自家製漬物を作ったりします。そうすれば、1週間くらいは漬物を楽しめます。

そんな感じで、コスパのいい食材と調理法を追求していけば、どこまでも工夫しながら楽しめます。


食材の購入費を抑える以外に、自分で栽培する方法もあります。我が家には庭に小さな畑があり、シソやミョウガを育てています。特別に手をかけなくても、家庭でまかなうには十分な量を収穫できます。

キュウリやナス、トマトなどの夏野菜は、家庭菜園の定番です。自宅に庭がないマンション暮らしの人も、ベランダでプランター栽培が可能です。ミニトマト、ゴーヤ、ネギなどが人気となっているようです。

また、かいわれ大根や豆苗などを食べたとき、根っこの部分を捨てずにとっておいて、水をはったケースに浸しておけば、再び生長して食べることができます。

野菜の生命力に感心しながらも、自分が育てた野菜を食べる気分は格別です。

食事に限らず、生活には節約のゲーム化をする余地がたくさんあります。光熱費を減らす、交通費を減らすなど、いろいろ試してみるのも一興なのです。

コンビニグルメで満足する境地

70代にもなれば、自然と食も細ってきます。かつて会社の経費でグルメ三昧の生活を送ってきた人も、「一汁一菜こそ理想の食事」みたいな考え方になってくるものです。

僕自身、外食でフルコースの料理を口にしても、メインにたどり着く前にお腹がいっぱいになってしまいます(笑)。

メインで黒毛和牛のステーキなどが出てこようものなら、ウッと胸焼けし、箸が止まってしまうくらいです。

お寿司屋さんでも「おまかせで……」などとお願いして、最初につまみでお酒をやっていると、それだけで十分という感じになります。

後半に出てくるアナゴやタマゴなどは、握る前から遠慮してしまいます。それでいてお会計は一緒ですから、悲しくなります……。

仕事の関係者と高級料亭に行く機会もあるのですが、たいてい最後まで食べきれません。残りはおみやげにして持って帰ってくることが増えました。

もはや「大金を払って名店に行くまでもないかな」と思うようになりました。

近頃は、コンビニやファミレスの美味しいメニューや新商品を見つけて試してみるほうが楽しいと思うようになりました。

ちょっと前に、コンビニでカップやきそばの「ペヤング　獄激辛やきそば」を購入し、チャレンジしてみました。これまでもペヤングは激辛やきそばを発売していましたが、これは群を抜く最高の激辛商品です。一緒に働いているアシスタントたちと「匂いからしてヤバい！　どうかしてるよ！」なんて、ワイワイいいながら食べました。

激辛といえば、江崎グリコのレトルトカレー「ＬＥＥ」も強烈です。「辛さ×30倍」というのもあり悶絶必至です。こういうのを昼食のメニューにすると、ちょっとしたイベント気分が得られて楽しいです。

東京を中心に店舗を展開し、辛いラーメンで人気の「蒙古タンメン中本」も何度か行ったことがあります。先日もテイクアウトして食べました。

この店には「北極ラーメン」という激辛味噌ラーメンがあり、みんな大汗をかきながら麺をすする光景がおなじみとなっています。

僕も過去に3回ほどチャレンジしたのですが、いずれも途中でギブアップ。いつか完食してやろうと、ひそかにリベンジを企んでいます。

最近になって、動画投稿サイトのユーチューブで「北極の辛さ10倍」にチャレンジする動画を発見しました。もう見るからにスープがどろどろで、さすがにここまでくると食べてみたいという気分にもなれません。

いずれにせよ、手頃な金額で楽しみたいなら、コンビニやファミレスのグルメはもってこいです。

このところハマっているのは、石神井公園（練馬区）にある『麺処 井の庄』の「辛《から》辛魚《からうお》つけめん」です。テイクアウトもできるし、コンビニでカップ麺も売っています。

年を取ると食についても保守的になりがちですから、常に好奇心のアンテナを張って新しいメニューを試してみたいものですね。

置かれた環境で楽しみは見つかる

僕が好きな映画の一つに『終身犯』という作品があります。1962年に制作されたアメリカ映画で、主演のバート・ランカスターがヴェネチア国際映画祭最優秀男優賞を受賞するなど、高い評価を受けた名作です。

簡単にストーリーを紹介しましょう。

主人公の男は、恋人に乱暴した男を殺した罪で、懲役12年の刑に処せられて服役。面会に訪れた母親を侮辱した看守を殺してしまい、いったんは死刑を宣告されましたが、母親が大統領夫人に嘆願運動をして、終身刑に減刑されました。

そんな中、独房で孤独な生活を続けていたところ、中庭に傷ついた小鳥を見つけ、独房に連れ帰って育てるようになりました。小鳥にエサを与えて芸を教え込むうち、彼は鳥への関心を深めていきます。

獄中で鳥に関する文献を読み、飼育を許可されたカナリアを熱心に観察する終身刑の男。ついに彼は鳥類学の権威になり、雑誌に論文を発表するまでになる……という筋書きです。

実はこの映画、ロバート・フランクリン・ストラウドという実在の人物の逸話に基づいていることでも有名です。

普通に考えれば、終身刑を宣告されるというのは絶望的な状況です。生活を楽しむという発想とはおよそ縁遠い環境といえます。

それでも主人公は楽しみを見つけ、それをライフワークにまでしてしまいます。殺人犯とはいえ、その好奇心と意志の強さには感心せざるを得ません。

「贅沢にお金を使えないから退屈」「あとは衰えていくだけで楽しみなんてない」こんなふうに決めつけるのは簡単ですが、自分から楽しみを放棄してどうするのでしょうか。

人間は、気持ち一つで小さなことに楽しみを見出せるものだと、実話をベースとする映画『終身犯』は教えてくれています。

散歩の途中に目に入ってくる植物に興味を持つとか、プランターで栽培するのもいいじゃないですか。

知らない植物はインターネットや図書館で調べる。活動範囲が狭くても、お金をかけなくても、楽しめる方法はたくさんあるはずです。

「コンビニで買った激辛やきそばに悶絶」

こんなことを書くとバカバカしく思うかもしれませんが、些細なことを楽しむというスタンスは、僕たちにこそ必要だと自負しています。

「権威」になることがすべてではなく、市井の研究者として生きるのも素敵な人生です。それこそフェイスブックやブログなどで研究成果をコツコツと発信していれば、いずれ多くの人が注目するようになるかもしれません。

自分のペースで小さなことを楽しめるというのは、人間として成熟した証なのだと思います。

忙しすぎてボケているヒマがない

「節約をしながら、死ぬまでに自分でお金を使い切る」

この章で話してきた内容を簡単にまとめるとこんな感じですが、理屈では納得できても、お金が減っていく一方なのは、やっぱり心細い人が多いでしょう。

確かに、お金は貯めていくときは一向に増えないのに、いざ貯めたものを取り崩すときには一瞬で減っていくような感覚に陥るものです。

お金を減らさない、減らすスピードを緩やかにするには、収入を得ること、つまり働くことが有効です。

チャンスがあって、体が動くのなら積極的に働いたほうがいいと思います。働く場があれば、社会とのつながりが得られます。お金を稼ぐだけでなく、精神的な張り合いが得られるのです。

周囲を見回しても、高齢ながらバリバリ働いている人は、やっぱり生き生きしているように見えます。

僕自身、記憶する限り、朝起きてから「毎日ヒマだな、今日は何をしようか……」などと考えた日は1日もありません。起きた瞬間から「あれもやらなきゃ」「これもそろそろやっておかないと」という仕事が次々と頭に浮かんできて、それを箇条書きにして一つずつこなしているうちに、1日があっという間に過ぎていきます。

「忙しすぎてボケているヒマがない」といった感じでしょうか。

厚生労働省の「労働安全衛生調査」(2018年)によると、現在の仕事や職業生活に関することで、強いストレスとなっている事柄がある労働者の割合は58・0%。ストレスの原因(主なものを三つ以内挙げたもの)としては「仕事の質・量」が59・4%と最も多く、「仕事の失敗、責任の発生等」が34・0%、「対人関係(セクハラ・パワハラを含む)」が31・3%となっています。

多くの人にとって、仕事がストレスになっている実態がうかがえます。

ところが、仕事をリタイアして、面倒な人間関係や重い責任、残業のストレスから解放されたはずなのに、かえってメンタル疾患を発症したり、体調を崩してしまったりする人がいます。

これはいったい、どう解釈したらよいのでしょうか。


ストレスとは、もともと環境の変化などで受けた刺激に対する反応を表す言葉です。ですから、どんな生活を送っていても、なんらかのストレスは発生します。「ストレスゼロ」という状態はあり得ません。

人間の体には、環境の変化や身体的な変化に対して、体の状態を一定の状態に保とうとする性質があり、これは「ホメオスタシス」(生体恒常性)と呼ばれています。

この性質があることで、人間はストレスを感じても生命を維持できるというわけです。ただ、ストレスが過剰になってしまうと、ホメオスタシスは機能しなくなるので、心身に異常をきたします。特に真面目な人、責任感が強い人ほど、ストレスの耐性に乏しいことがわかっています。

このストレスは心身の異常をもたらす原因となる一方、健康を維持するために不可欠であるという一面も持っています。

簡単にいうと、「よいストレス」と「悪いストレス」があり、仕事で人から期待されたときの緊張感や、後輩の手前いいところを見せなければいけないという重圧は「よいストレス」に分類できるのです。

そう考えると、よいストレスから解放された高齢者が、心身の不調に陥る理由も納得できます。

ほとんどストレスがない状態が続くと、ホメオスタシスの働きが鈍化し、何かの拍子に大きなストレスを受けたときに立ち直れなくなってしまう恐れがあります。

ストレスと関わりのない生活は、かえって危険です。心身を健全に保つためには、短時間でもいいのでアルバイトやボランティアなどに取り組むのが理想といえるでしょう。

「好きなこと×スキル」は仕事になる

仕事をしたいと思っても、70代の雇用は相当限られています。職を探すのが難しい現状は、僕もよく知っています。

僕の事務所でも、アシスタントを数名雇用しており、その中にはある程度年配のスタッフもいます。漫画は経験とスキルが活かされる仕事なので、高齢者にも活躍の余地があります。

ただ、仮に同じ条件で同じくらいの能力を持つ20代の若者と70代の高齢者がいたら、やっぱり若者を選びたいというのが偽らざる本音です。

世の中には、もっと体力やスピード感を求められる仕事がたくさんあり、高齢者は雇用の市場において圧倒的に不利な立場に置かれているのは否めません。

では、高齢者はどんな仕事に就けばいいのか。

欲をいえば、フリーランスで「好きなこと×自分の経験」を活かせる分野がいいです。

先日、たまたま「包丁研ぎ講師」として活躍している豊住久さんという方の記事を読みました。豊住さんは、現役時代の経験を活かし、自宅で開催する包丁研ぎの講座の講師をしており、『ムズかしい〝技術〟をはぶいた包丁研ぎのススメ』（CCCメディアハウス）という著作もあります。

豊住さんは、もともと大手外食チェーンのサラリーマンでした。営業責任者として働いていたとき、お客さんから「とんかつの衣が割れている」という意見を耳にしたそうです。ところが、原因を探っても、一向に解決がつきませんでした。

そこで豊住さんは意を決して、とんかつ店の店主に教えを乞うたところ、「切れない包丁を使っているんじゃないの？」といわれ、包丁を研げばよかったのだと気づいたそうです。

しかし、大手外食チェーンの調理の現場で働くアルバイトたちには、包丁を研ぐスキルがないばかりか、会社もスキルアップへの投資には後ろ向きでした。そこで豊住さんは一念発起して、独学で包丁研ぎをマスターし、担当する店舗の店長にレクチャーして回ったのです。

その後、豊住さんは人事異動で包丁研ぎを教えることはなくなり、リタイア後は悠々自適の生活を送っていたのですが、あるとき趣味やビジネスのスキルを教えたい人と学びたい人をつなぐ「スキルシェアサービス」（インターネット上で個人の特技などを売り買いできるサービス）の存在を知ります。

そこで包丁研ぎを教えるという自分のスキルを思い出し、さっそく登録したというわけです。

サラリーマン時代の経験を仕事にする余地は結構あると、僕はにらんでいます。スキルシェアサービスの充実は、間違いなく追い風になっています。「好きなこと×スキル」でマイペースに講師業などを営めるとなったら、遊びが仕事になるような感覚で、なかなか楽しい働き方だといえます。

「私は誰でもできるような事務仕事しかしていなかったから」と尻込みする人も

多いかもしれませんが、自分では当たり前だと思っているスキルにだって需要はあります。

クラウドソーシングサービス（仕事をしてほしい人と仕事をしたい人をインターネット上で結びつけるサービス）のサイトを見ていると、「データ入力」「口コミ・レビュー」といった仕事が大量に受発注されています。それだけシンプルな仕事にも需要がある証拠です。

「高齢者のお小遣い稼ぎ」と割り切ってしまえば、単価の低さもある程度は納得できます。誰に強制されているわけでもないので、１回やってみてイヤだったらやめればいいだけの話です。

体力にある程度の自信がある人は、介護職にチャレンジするのも一つの道です。介護の現場は人材不足とされています。これから高齢者が増加すれば、確実に求人増加が見込まれます。

もちろん、70代は介護される側になっていてもおかしくない年齢です。ただ、これから平均寿命が延びていくことを考えると、70代の介護職員が90代を介護するような光景が増えてくるようにも思います。

要介護者をお風呂に入れるなどの重労働を除けば、話し相手になったりイベントを企画して実行したりと、できる仕事はたくさんあります。

第5章

家族に死に様を見せろ

死をタブー視するな

僕は、自分の祖母が亡くなったときのことを鮮明に覚えています。

祖母は僕が早稲田大学の学生だった頃、山口県岩国市の実家で唐突に最期を迎えました。洗濯物を干していたところ、何かの間違いで庭にあった池にはまり、不本意にも溺死してしまったのです。

「そういえば、おばあちゃんがおらんよ」

不審に思った家族が探したら、池に白い足袋が浮かんでいるのが見えて、びっくりして引き上げてみると、すでに息絶えていたというのです。

知らせを受けて急ぎ帰郷すると、祖母は畳の部屋に北枕で寝かされていました。僕は顔にかかっている白い布をそっと外し、静かに顔を触ってみました。

祖母の顔はカチカチで冷たくて、まるでひんやりとした金属を触っているような感触がありました。

固くなった顔に触れながら、「ああ、ばあちゃん死んじゃったんだ」「これが死ぬってことなんだな」と感じたのを記憶しています。

祖母の例に限らず、僕の子ども時分は、今よりも死を身近に感じる機会が多かったように思います。

小学校からの帰宅途中、近所の家からお経が聞こえてくるので、そっと窓越しにのぞいてみた経験があります。窓際から線香の匂いが漂ってきて、顔に白い布をかぶせた人が横たわっている——。

そんな光景を目にして、「ああ、いつもやさしく声をかけてくれた、あのおじいちゃん死んじゃったんだな」と、子ども心に死を理解していたわけです。

今では、身近な人の死を体感する機会が極端に減っています。

ちょっと古いデータになりますが、長崎県教育委員会が行った「児童生徒の『生と死』のイメージに関する意識調査」（2005年）で、「死んだ人が生き返ると思いますか」という質問に「はい」と答えた児童生徒の割合が15・4％に達したことが話題となりました。

テレビゲームや映画など、原因はあれこれ取り沙汰されていますが、根本的な問題は「死を現実として感じる機会がない」ことにあると推察しています。

死に現実味がなくなったのは、日本人の死に方が大きく変化したからです。

僕たち団塊の世代が誕生した頃、自宅で亡くなる人の割合は、実に8割を超えていました。その後、この数字は医療の高度化や病院の増加にともない、時代とともに低下していきます。

この間、老人医療費が無料化されたことも後押しし、高齢者が病院に通う傾向が加速します。

1976年には、ついに自宅で亡くなる人の割合を医療機関で亡くなる人の割合が上回ります。

その後も病院で亡くなる人の割合は増加し、今では8割を超える人が病院で亡くなっている現状があります。かつて常識だった「在宅死」が「病院死」に置き換わった状態なのです。

今の日本人は死を知らないあまり、死をタブー視しています。親子が死について真剣に語る機会はほぼ皆無です。

誰かががんになろうものなら、徹底的に死の話題を避け、無関係な話題に終始することもあるようです。

僕は死をタブー視するのではなく、もっと身近な問題にすべきだと思うのです。

死に様を見せることが最後の社会貢献

黒澤明監督の映画『赤ひげ』は、まさに在宅死の時代に撮影された作品です。

1965年（昭和40年）に公開されたこの映画で、加山雄三演じる医師見習いの若者は長崎でオランダ医学を学んだ経験があり、三船敏郎演じる養生所所長（通称・赤ひげ）を古い医学の象徴とみなして馬鹿にします。

三船敏郎は加山雄三に向かって、患者である一人の老人が死にゆく様を見届けるように指示します。当時は抗がん剤もモルヒネもない時代ですから、不治の病を抱えた老人はひどく苦しみます。

痛みで気を失い、また痛みで目を覚ます……この繰り返しを、固定されたカメラが顔のアップでとらえるシーンは、映画の一つの見所となっています。

老医者は医師見習いの若者に、患者の死を真正面から受け止めることの大切さを教えたかったのでしょう。

病院死が圧倒的多数派となった現在、死は日常から切り離され、身近に感じるものではなくなりました。

今の子どもたちは、自分たちのおじいちゃんやおばあちゃんが、徐々に衰弱していきあの世に旅立っていく経過を見る機会はありません。

葬式のときに、棺に入ったおじいちゃんやおばあちゃんの顔を気持ち悪がって、後ろに下がってしまう子も多いのだそうです。死体に触れた経験どころか、見たこともない子が多いのです。

そうやって、いつの間にか死について考えるのを怖がり、必要以上に避ける風潮が高まってきたわけです。

死に接する機会があまりに乏しいせいで、日本人は死生観を確立することができずにいます。動物を平気で虐待したり、クラスの友だちに平気で「死ね」といったりするのも、死生観の欠如が大きく影響しているといえます。

そこで僕たち団塊の世代は、死にゆく姿を孫世代の子どもたちに見せるべきだと思うのです。

「人間はこうやって生きて死んでいくものなんだよ。死んでしまったら終わりだぞ。だから自分の人生を大切に生きないといけないよ」

自分の死をもって、そうしたメッセージを伝えることは、団塊の世代ができる最後の社会貢献です。

「在宅専門医」を創設せよ

団塊の世代が家族に死に様を見せることができるかどうかは、「在宅死」を選べるかどうかにかかっています。

すでに、国は在宅死を推進する方向に舵を切っています。これは財政上の制約を考えれば当然の施策です。

病院死の場合、手厚い延命治療などにより医療費がかさみますから、医療費を削減しようと思ったら、必然的に在宅死が推奨されるという理屈です。

政府は、２００６年に「在宅療養支援診療所制度」という制度を創設しました。これは、全国の医療機関の中で、在宅療養に対応できる医療機関を指定し、診療報酬を上乗せするという制度です。

これにより、24時間体制で在宅医療に対応できる診療所を増やすことが目指されました。

その後、2012年に「機能強化型在宅療養支援診療所」という在宅医療機関群を設けるなどの制度改正を実施。現在では、在宅医療を受けている患者数が徐々に増加しつつあります。

厚生労働省が3年に1回行っている「患者調査」では、2017年時点で在宅医療を受けた患者数の推計は、約18万1００人となっています。

同じ調査で報告されている入院患者数約131万人、外来患者数約719万人と比較すればまだまだ少ないものの、1996年の調査と比較すると約2・5倍にまで増えていることがわかります。

これから「在宅療養」「在宅死」が、さらに増加するのは間違いありません。2025年には団塊の世代が75歳以上の後期高齢者となります。そして、2040年の年間死亡者数は、2015年と比較して約36万人増加すると予測されています。

現在でも病院のベッド数を削減する動きがあるのに、今後「多死社会」が到来すれば、病院で死にたくても死ねない世の中になるのは想像に難くありません。

「在宅死を選ぶ」といいましたが、もはや選ばずとも、かつてのように在宅死が常識になる時代がやってくるかもしれないのです。

在宅死に対応するうえで大きな課題となるのが、医師不足です。僕は医療関係者に向けて講演をすることもありますが、在宅医療に特化した「在宅専門医（准医師）」を創設してほしいといつも訴えています。

現在の制度で医師になるには、ひと通りの病気に対応できるよう、幅広く医学知識を学ぶ必要があります。大学の医学部に入り、医師国家試験に合格し、インターンを経てからやっとそれぞれの専門分野に進みます。そこにいたるまで長い年月を要するわけです。

しかし、要介護者と在宅療養を必要とする高齢者の激増を考えると、そこまで悠長に構えているわけにはいきません。

僕は、医学部を卒業しなくても、医学専門学校のような教育機関で学んだ人が在宅専門医になれるような仕組みを作る必要があるのではないかと思うのです。

救急隊員は医師免許を持っていなくても、一定程度の医療措置を施すことが許されています。それと同様に、在宅医療に限って医療措置が許されるという発想です。そうすれば、在宅医療に携わる人材を短期間にある程度は確保できます。在宅専門医では対処できない状況に直面したら、そのとき医師の判断を仰ぐ仕組みを作れば十分に対応できるはずです。

実際に制度を運用したら、あれこれ課題も発生するとは思います。それは運営しながら柔軟に改正していけばいいことです。なにしろ、もはや時間的な猶予はほとんど残されていないのですから。

在宅死に必要な「覚悟」

現在、終末期の療養場所として「自宅」を希望する人は、必要なときに医療機関を利用したいと考える人と合わせて60％以上に上ります。

つまり、多くの人が「長年住み慣れた自宅で死にたい」と思っているわけですが、現実にはその思いを阻むハードルがあります。最大のハードルは、家族にかかる負担です。

今後、在宅医療の制度が充実し、僕が提唱した「在宅専門医」の制度が整い、介護スタッフとも連携が取れるようになれば、家族の負担は大きく軽減できると見込まれます。

ただ、どんなに在宅医療の体制が充実しても、家族の負担がゼロになるわけではありません。家族が何年も自宅で看病を続けた結果、心身ともに疲弊してしまう恐れもあります。

いつだったか、テレビのドキュメンタリーで、在宅死を扱った番組を観たことがあります。カメラが患者本人と在宅医、介護スタッフ、家族とのコミュニケーションを丁寧に記録して、「ああ、在宅医療を選択するとこういう感じになるのか」と大いに勉強になりました。

その番組では、最終的に患者さんが死を迎えるのですが、僕が印象に残ったのはそのときの家族の表情です。家族には、肉親が亡くなった悲しみがあるのだけど、同時に「やっと亡くなってくれた」という安堵感もうかがえました。

「自宅で死にたい」という本人の希望をかなえたという達成感とあいまって、なんとも複雑で形容しがたい表情をしていたのです。

その表情を見ていて、改めて在宅死には家族の協力が不可欠であることを強く思い知りました。

「自宅で死にたい」という本人の希望を受け入れるにあたっては、家族の協力だけでなく、ある種の「覚悟」も求められます。

例えば、本人が誤嚥《ごえん》による窒息を起こして苦しんだとき。普段、ちょっとした異状があったときには、お世話になっている最寄りの在宅専門医に連絡して往診してもらったり、指示を仰いだりできます。ところが、一刻の猶予もない状況では、１１９番に電話をして救急車での搬送を依頼するかもしれません。

救急車を呼べば、当然のように救急救命士が心肺蘇生を行い、病院でも最大限の延命治療を施すでしょう。いったんこの状況になると、「やっぱり本人が自宅で死にたいといっていたので帰宅させてください」とお願いするのは非常に困難です。

結果的に、本人の希望とは裏腹に、病院でたくさんのチューブにつながれて最期を迎えることになるのです。

もちろん、苦しむ肉親の姿に耐えられないという家族の気持ちも理解できます。いったん救急車で入院したものの、その後回復して退院し、望み通り穏やかに在宅死できる可能性もゼロではありません。

要するに、家族が取り得る対応について、絶対的な正解などないということです。理想の在宅死を実現するには、さまざまな困難もあれば、状況判断もあります。

それを踏まえて、今から死について家族と話し合っておくことが大事だと思うのです。

延命治療は不自然であり残酷

延命治療について触れたので、もう少し掘り下げてみたいと思います。

延命治療とは、一般的に治療を受けなければ生命を維持できなくなった人が、延命のために受ける治療のことです。

「人工栄養（胃ろうや点滴など）」「人工呼吸」「人工透析」が三大延命治療と呼ばれています。

日本の医療レベルは世界的にも非常に高いがゆえに、「延命大国」とも評されています。

胃ろうとは、内視鏡を使って胃に小さな穴を開け、そこから栄養を摂取させるという医療処置です。日本は「胃ろう大国」でもあり、海外の医師から見ると「なぜ治る可能性のない患者をわざわざ太らせるのか」と不思議に思われているようです。

「人間の死というのは、飛行機が着陸態勢に入り、徐々に高度を下げていく状況と似ている。延命治療は、着陸態勢に入った飛行機に燃料を入れ、無理矢理出力を上げて高度を維持しようとするようなもの。不自然であり、残酷である」

ある医師がこんなふうにたとえるのを聞いたのですが、まったく同感です。

胃ろうを一度始めると、後戻りは難しくなります。現実には、胃ろうのチューブだけでなく、点滴のチューブや排尿のためのチューブなど、多い人は4〜5本のチューブにつながれ、植物状態になっても延命が続けられます。

いわゆる「スパゲティ症候群」と呼ばれる、見るからに痛々しい状態です。

ここまで延命措置を施すのを、本当にみんなが心から望んでいるのでしょうか。

僕の父親も、半年間ほど延命治療を受けました。

病気の手術を受けたあと、意識がなくなり、脳死ではないものの、それに近い状態に陥ってしまったのです。家族で対応を話し合った結果、母親の希望を尊重し、延命治療をお願いすることになりました。

酸素吸入器をつけ、全身をチューブにつながれた父親は、とても痛々しく見えました。医師は「意識がないから痛みも感じません」と説明してくれましたが、ときどき父の顔がゆがみ、涙を流すのを見ると、なんともやりきれない気持ちになりました。

本当にこの選択が父にとってよかったのか。父親は一刻も早く楽になりたかったのではないか。そんな思いが頭をよぎり、胸が苦しくなったのが今でも忘れられません。

元気なときに「植物状態のままスパゲティ症候群になり、苦しい思いをしてまで長生きしたいか」と問われれば、大半の人は「それはイヤだ」と答えるはずです。でも、現実には明確に意思を表明しないまま、急に意識不明の状態を迎えるケースがほとんど。そのときになって家族に選択を迫るのは、あまりに酷というものです。

延命治療について自分の考えをハッキリと家族に伝え、家族が困らないようにしておくことが重要ではないでしょうか。

自分の延命措置を宣言しておく

「尊厳死」とは、本人が望んだ場合、不要な延命治療をせずに、自然な最期を迎えることを指します。

「日本尊厳死協会」という団体があり、「リビング・ウイル」（ＬＷ）という事前指示書を発行しています。

リビング・ウイルは、日本語では「生前意思」とでもいうべき言葉であり、元気なうちに自分自身の人生の最期を迎えたときの医療の選択について意思表示しておく文書です。Ａ４版の用紙に「延命措置を施さないでほしい」という主旨を宣言します。

宣言したからといって、一時的に生命の維持が難しくなったときに回復するための医療行為まで拒否するものではありません。

また、一度リビング・ウイルの宣言をしたあとでも、自分の考え方が変わったときには、いつでも撤回・破棄することができます。

リビング・ウイルの書面は、そのコピーも発行されます。自分が意識を失ったときに備えて、家族や友人にも配っておくためのものです。

厚労省が行った「人生の最終段階における医療に関する意識調査」（２０１７年度）では、自分が意思決定できなくなったときに備えて、どのような医療・診療を受けたいか、あるいは受けたくないかを記載した書面（事前指示書）を作成しておくことについて、「賛成である」と答えた人が66％となっています。リビング・ウイルについても、半数以上は賛成の意思があると考えていいでしょう。

ところが、実際に事前指示書を作成していると答えた人は、わずか8・1％にとどまっています。もう少しデータを見ていくと、事前指示書に従って治療方針を決定することを法制化することについては、7割以上が消極的な回答をしています。

要するに、多くの日本人は、このように考えているのです。

「ムダな延命治療は受けたくない。でも、それを元気なうちに明確に意思表示をしたくはない。最終的には自分以外の家族で話し合って決めるか、信頼できるお医者さんに決めてほしい」

いかにも日本人らしい、あいまいで煮え切らない態度ですね。自分の死について自己責任を避け、他人に判断を委ねています。

煮え切らない国民性を反映するかのように、日本では尊厳死についての法律は制定されていません。法的に認められているわけでも、禁止されているわけでもない状態です。

そのため、リビング・ウイルがあっても、医療現場の判断で延命治療が施されるケースもあります。これまで尊厳死法案について議論されたこともありましたが、死をタブー視する風潮からか、反対の声も根強く、今では議論がほとんど進んでいません。

しかし、前述したように「多死社会」の到来は目前です。個人としても国家としても、そろそろ態度をハッキリさせる時期にさしかかっていると思うのです。

いよいよ「安楽死」と向かい合う時代

意識がないまま、寝たきり状態でずっと生き続ける。これでは、たとえ100歳まで生きたとしても万々歳とはいえません。

寝たきり状態の人が病院のベッドを占領し、未来ある若者たちから医療の機会を奪ってしまうとしたら、本当にいいことなのかと考えてしまいます。

「長寿国」とは、裏返せば若者に社会保障の負担をかける社会です。このまま国の借金が増え続ければ、「安楽死」についても真剣に検討する時代がくるかもしれません。

日本では「安楽死」と「尊厳死」を混同している人が多いようです。

先ほどお話ししたように、尊厳死とは、回復の見込みがない人に対して生前の意思に基づいて延命措置を中止し、自然な死を迎えさせることです。

これに対して安楽死とは、回復の見込みがない人に対して、苦痛から解放するために呼吸を止める注射を打ったり薬を飲ませたりして、人為的に死にいたらせることです。

日本では、安楽死は法律で禁止されており、行った場合は殺人罪に問われます。実際に安楽死を行ったとして殺人罪で起訴された医師もいます。

安楽死は、ベネルクス三国（オランダ、ベルギー、ルクセンブルク）のほか、スイス、カナダのケベック州、アメリカのオレゴン州、カリフォルニア州、ワシントン州など一部の州でも認められています。

欧米人は自己決定権を重視します。自分の意思を伝えることができなくなった時点で人間ではなくなるという認識もあるようです。そうしたことから、あえて安楽死が合法化されている国や地域に移住し、医師から処方された薬を飲み、自ら命を絶つ人もいます。

『おしん』『渡る世間は鬼ばかり』などの国民的なテレビドラマを手がけたことで知られる脚本家の橋田壽賀子さんは、２０１６年に雑誌のインタビューで「認知症になったり、身体が動かなくなったりしたら、安楽死したい」と発言。『安楽死で死なせて下さい』（文春新書）という著作も出版し、大きな反響を呼びました。

橋田さんのように、自己決定権を重視する思想から「精一杯生き抜いたと自分で納得できたら、あとは苦しまずに逝かせてほしい」と考える人は少なくないはずです。僕も、その考えに共感します。

安楽死について考えるとき、思い出す１本の映画があります。

アメリカのＳＦ作家であるハリイ・ハリスンの小説『人間がいっぱい』を映画化した『ソイレント・グリーン』という１９７３年の作品です。

この物語の舞台は２０２２年（ほぼ現在です）のニューヨーク。世界は人口増加による食糧危機に陥り、人類の多くは合成食品（ソイレント・グリーン）で命をつないでいます。

この映画では、「人生定年制」を導入した社会が描かれています。一定の年齢に達した人は、自ら工場に出向いて安楽死をする制度が導入されており、自死用の薬を飲んだあと、目の前のスクリーンで生まれ育った故郷の風景を観て、好きな音楽を聴きながら死んでいくシーンが印象的です。

ソイレント・グリーンという緑色のビスケットは、いったいなんなのか。これ以上はネタバレになるのでお話ししませんが、シュールでよくできた映画です。

今後、本当に人生定年制の導入が現実になるのか、僕にはわかりません。ただ、食糧不足が深刻化し、社会保障制度が行き詰まってから安楽死を強要されるような未来を迎えるのは悲しすぎます。高齢者が、自分の意思で、真剣に考える必要があります。

少なくとも、日本的な「肌が温かくて呼吸さえしてくれればいい」といったナイーブな死生観は、現実的に受け入れられなくなるでしょう。

さて、あなたは自分の最期をどのように迎えるつもりか、具体的に考えたことはあるでしょうか。

「エンディングノート」のすすめ

延命治療のことを含め、自分に何かあったときに備えて、家族に向けて書き残しておく。その方法となる「エンディングノート」は、すでに定着した感すらあります。文具メーカーなどがオリジナルのエンディングノートを発売しているので、その形式に従って記入しておくと便利です。

エンディングノートに記入する主な項目は、次の通りです。

☑ 預貯金、不動産などの資産
☑ 借入金、ローンの内容
☑ 保険、年金の契約状況

☑ **家族、親族の名前と連絡先**
☑ **友人、知人の名前と連絡先**
☑ **病気の告知、延命措置の希望**
☑ **介護の希望**
☑ **葬儀、お墓についての希望**
☑ **相続についての希望（※記入しても法的効力はない）**
☑ **残された家族、友人、知人へのメッセージ**

僕の知り合いは、父親がいざというときのためにエンディングノートを書き記していたおかげで、葬儀をスムーズに行うことができたそうです。

父親が通帳の暗証番号や保険証書の保管場所、クレジットカード会社の連絡先にいたるまで、事細かに記録してくれていたおかげで、慌てずに各種手続きを済ませることができたそうなのです。

確かに、急に葬儀を行うことになったとき、本人の学生時代の友人やサラリーマン時代の同僚などの連絡先がわからなければ、連絡の取りようがありません。記録があると、どれだけ心強いでしょうか。

エンディングノートには、残された人たちが困らずに安心して故人を見送るという目的があります。

エンディングノートを作成して、家族にその事実を伝えておくと安心です。その内容を家族で確認し、話し合っておくとさらにいいですね。

エンディングノートは、自分の歩んできた人生を振り返るきっかけとしても注目されています。「自分史」の記録ツールでもあるわけです。

中には、自分史を作成するための年表や、時系列で印象に残った出来事を記入できるフォーマットが用意されているものもあります。そうしたスペースをひと通り埋めていくと、簡易的な自分史が完成します。

「自分史を書く」というと、ちょっと尻込みしてしまいそうですが、大げさに考えなくても大丈夫。自分がこれまでの人生で経験してきた出来事を箇条書きにして、そのとき感じたこと、家族に伝えたい想いなどを簡単に書くだけで十分です。ちょっとしたエピソードが、子どもや孫にとっては、まったく知らないあなたの一面だったりするものです。

文章力にある程度自信がある人は、本格的な「自伝」を書くのもいいでしょう。忠実に「自叙伝」を書き残すのもいいですし、自分の体験を題材にした「私小説」を書くのもいいですね。

自伝は資料的価値に重きを置くので、正確性を追求します。ときには、過去の出来事について当事者に電話をして確認するなど、新聞記者のように「裏を取る」作業が求められます。その過程で、しばらくぶりに現役時代の同僚と話したりするのも楽しい経験になるでしょう。

一方、私小説は多少事実を脚色し、自分を美化して書くのもＯＫです。例えば、学生時代に好きだった人と淡い恋愛関係に発展したと描写するとか、仕事で誰よりも成果をあげたなどと書いてしまっても構いません。

最近は、自費出版にかかる費用もずいぶん安くなってきたので、家族や親族用に50部くらい印刷しておくのもいい記念になります。

遺言書を毎年新しく書き直す

「エンディングノート」には法的効力がないので、相続を含むお金のトラブルを防ぎたいなら、本格的な「遺言書」を書いておいたほうが安心です。

僕の友人には、毎年正月に遺言書を新しく書き直している人がいます。新年を迎え、気持ちを新たにしたタイミングで、「自分が死ぬ前のこと」と「死んだあとのこと」を書き残すのです。

1年も経てば、死生観が変化しているかもしれません。多少なりとも資産も変動しているでしょうから、最新の状況に合わせて遺言書も更新しておきます。

遺言書の作成は、家族一人ひとりの顔を思い浮かべ、何をどう託すかを考えるい

いきっかけとなります。

「毎年、誰にどれだけ相続するかを決めて遺言書に書き直す」と家族に宣言しておけば、「お父さんを冷たく扱うと私に財産が回ってこなくなるから、ちょっとはやさしくしておこう」などと思ってもらえる効果もあります(笑)。遺言書を書く行為は、それなりに頭も使うので、認知症の予防にもなりそうです。

遺言書には「自筆証書遺言」「公正証書遺言」「秘密証書遺言」の3種類があります。このうち、主に行われているのが、「自筆証書遺言」「公正証書遺言」の2種類です。

自筆証書遺言は、文字通り自筆で書き記す遺言書のこと。紙とペンと印鑑さえあれば、簡単に作成できるので、費用もかからず、最も手軽な方法といえます。

ただし、作成年月日を記入する、署名押印をするといったルールを守らないと、遺言書として無効になってしまいます。また、遺族の解釈が分かれるようなあいまいな記述をした結果、死後に裁判沙汰に発展する可能性もあります。

自宅で保管するわけですから、紛失の恐れもあります。さらに遺族に発見されないまま遺産分割が行われる、あるいは遺族によって意図的に廃棄されるなどのリスクも否定できません。

こうしたリスクに備えて行うのが公正証書遺言です。これは、遺言したい人が証人と一緒に公証役場に出向き、遺言したい内容を公証人に口述して作成してもらう方式です。こうしておけば、遺言書の原本が公証役場に保管されるので、紛失や偽造などの心配はありません。

けれども、公正証書遺言にもデメリットはあります。一つは、作成する手間と手数料が結構かかることです。また、遺言の内容を秘密にしておきたい人にとっては、証人に内容が知られてしまうのが問題となります。

それぞれの遺言書の特徴をきちんと踏まえたうえで、最適の方法を選択する必要があります。

もし遺言書を毎年作成するなら、自筆証書遺言を作成し、弁護士や司法書士、あるいは最も信頼できる親友などに預けておく方法が現実的でしょうか。

余談ですが、遺言書に関して興味深い話を聞いたことがあります。

毎年自筆の遺言書を書いていた人がついに亡くなり、弁護士立ち会いのもと、家族の前で開封するときがやってきました。残された家族は、何が書いてあるのだろうとドキドキです。

「いつだったか、親父がオレのためにコツコツ貯金しているなんていってたけど、本当かな。体が弱ってからは、弟が頻繁にお見舞いに通っていたようだし、実際に遺言書を見るまでは安心できないな」

「親父が入院してから、一番熱心に看病したのはオレだ。少しはそれに感謝して財産を残してくれているのかなあ」

それぞれの思惑が交錯する中、いよいよ遺言書の内容が明かされます――。

すると衝撃の事実が発覚しました。なんと、故人が蓄えていたはずの資産はすっからかん。書き記してあったのは次の一文です。

「オレがこの世で一番大好物だったのはレバ刺しだ！」

一同拍子抜けとは、まったくこのことです。家族全員が故人に大激怒したそうですが、後の祭りです。

僕自身は、こういういたずらが結構好きです。亡くなってから「あのくそジジイー」なんて激怒される状況を想像すると、当事者には気の毒ですが、思わず笑ってしまいます。

終章

団塊の世代が伝え残すべきこと

「企業戦士」と「ささやかな幸せ」

これまで死について、いろいろな視点から語ってきました。

本書も終わりに近づいてきたところで、僕たち団塊の世代とはなんだったのか、伝え残すべきこととは何か、改めて述べてみたいと思います。

団塊の世代は、戦後の日本で第1次ベビーブームの時期に生まれた人たちを指す言葉です。具体的には、1947年〜1949年に生まれた約800万人が相当します。

戦争が終わり、戦地から復員してきた人たちが各家庭に戻り、結婚する人も増えたことから、この時期に出生数が急上昇することになりました。

「団塊の世代」という言葉を作ったのは、小説家・評論家であり経済企画庁長官も務めた堺屋太一さんです。堺屋さんが刊行した、戦後ベビーブーム世代がもたらす日本の将来を予測した小説『団塊の世代』のタイトルに由来します。

「団塊」というのは鉱山用語「ノジュール」（堆積岩中に周囲と成分の異なる物質が固まっている部分）を訳した言葉だそうです。要するに鉱物の塊《かたまり》を世代の塊に見立てたわけです。

堺屋さんは元通産官僚で、鉱山石炭局鉱政課に勤務していたときにこの言葉を知り、著書に使うことを思いついたという逸話が残っています。

さて、僕たちが20代前半のとき、１９７０年の安保闘争が起きました。日米安全保障条約の自動延長を巡り、反対する市民や学生が激しいデモを繰り返した出来事です。

当時の学生たちの間では、反体制を掲げることが一種のファッションのようになっていました。本気で社会主義革命を起こそうと考えていたかといえば非常に疑わしく、いってみれば底の浅い政治運動だったと僕は思っています。

反体制・反米社会主義を唱えながら、一方で女性グラビアが載った『平凡パンチ』

を読み、アメリカから発信されるファッションに影響され、ミニスカートやアイビールックを身にまとい、ロックに酔いしれていたのですからお気楽なものです。

僕らが大学生だった時代は学生運動が盛んだったこともあり、歴史を知らない人たちから「団塊の世代＝全共闘（学生運動）世代」とひとくくりにされることがあります。しかし、実際には全共闘世代は、団塊の世代の中のせいぜい1〜2％程度でしょう。

そもそも、当時の大学進学率は20％以下でしたし、大学に進学した人がすべて学生運動に参加していたわけでもありません。おそらく全体の10分の1程度だったはずです。

その中で東京の大学に進学し、なおかつ学生運動に注力していたのは、ある程度経済的に裕福な状況にあった人だったろうと考えられます。

同世代の80％以上の人は、中学か高校を出ると社会に出て働くのが当たり前でした。かまぼこ屋のてっちゃんとか材木屋のけんちゃんといった、地に足をつけて働いている人が大多数だったのです。

たまたま学生運動を経験した人が、団塊の世代の代表みたいな顔をしてメディアに登場したせいで、団塊の世代＝学生運動というイメージが作られただけ。同世代の読者には今さらの話でしょうが、若い人たちには実態を勘違いしないでいただきたいと思います。

団塊の世代の生き方は、大きく二つのベクトルに集約されます。

一つは、バリバリ働く「仕事人間」としての生き方。僕らが社会に出た頃、すでに「モーレツ社員」と呼ばれる人たちが、家庭を顧みずに朝から晩まで働く姿が当たり前になっていました。

この「モーレツ社員」に端を発する日本の企業戦士像は、バブル景気全盛の頃、栄養ドリンクのＣＭで「24時間戦えますか」という有名なキャッチコピーが生まれるほどまでに、一貫して続くことになります。

僕が生み出した島耕作というキャラクターは、まさしく同時代の企業戦士の象徴だったのです。

他方で、日本の好景気は公害による環境破壊といった負の側面も抱えていました。「このままひたすら経済成長を追い求めるだけでいいのか」という疑問から、もっと別の生き方を模索する動きが見られるようにもなりました。

そんな中、富士ゼロックスが１９７０年から始めた広告キャンペーンで使用したのが「モーレツからビューティフルへ」というコピーです。

ひたすら働き、家庭をないがしろにして社会的地位を獲得するくらいなら、小さな家庭を大切にするような考えがあってもいい。そんな考えに共感する人もたくさんいました。

作家の落合恵子さんが発表した小説シリーズ『スプーン一杯の幸せ』は、そうした価値観を絶妙に表現したものです。

要するに「企業戦士」と「ささやかな幸せ」という二通りの潮流の中で生きてきたのが団塊の世代だったのです。

最後の影響力を見せつけるとき

僕ら団塊の世代は、なんといっても人の数が多いゆえ、社会的なムーブメントを次々と起こしてきました。

結婚すると、それまでは親と同居するのが当たり前の価値観でしたが、僕たちの世代以降、親とは別居して生活する「核家族化」の流れが加速しました。

また、団塊の世代の夫婦と子どもからなる家庭は、従来とは異なる価値観、美意識を持っていることから、「ニューファミリー」と呼ばれました。

ニューファミリーの特徴として挙げられるのは、音楽やファッションが生活に浸透していること、夫婦や親子間の関係が友だち的であること、マイホーム志向、欧米スタイルの生活を好むこと、などです。

団塊の世代の人生は、日本の経済と絶妙にリンクしています。

日本経済は、僕たちが小学生の頃から右肩上がりでした。上り坂の時代に社会に出て働くようになり、40代の働き盛りのときにバブル景気を迎えます。

そして50代となり、そろそろ体力的にも衰えを感じるようになったとき、日本経済もバブルが崩壊し、いよいよ下り坂への転換が始まります。その後の長期的な景気低迷は、同世代のみなさんなら身にしみてご存じでしょう。

僕たちは景気が下降するのと歩調を合わせて、人生の終着駅に向けて着々と下り坂を歩んできたという感じです。

団塊の世代は人の数が多いですから、それぞれの時代の中で、大きな市場を形成してきました。

僕たちの世代を対象に多くの商品やサービスが生み出され、圧倒的な消費力で経済を動かしてきたことは間違いありません。

要するに、時代が団塊の世代の生き方、スタイルを常に追いかけてきたというわけです。

今、団塊の世代が70代を迎えたことで、否定的に取り上げられる機会が増えてきたように感じます。

「団塊の世代が要介護になると、日本の介護と医療、社会保障制度が崩壊する」「団塊の世代の年金を支える現役世代の負担が大きすぎる」

世代のボリュームが大きいので、影響力の大きさは死ぬまで続くということでしょうか。

そんな状況下にあって、僕らの世代が社会貢献できる余地があるとすれば、一つは活発に消費をすることです。

日本人が保有する金融資産の残高は1800兆円以上とされています。銀行は個人から預かった預金で国債を購入し、それが赤字国債の増大につながっている事実は、多くの識者が指摘するところです。

そこで、もし団塊の世代が旺盛な消費行動を取ったら、経済の活性化にもつながりますし、消費税の税収増にもつながります。

体が元気なうちは、たまには美味しい食事や旅行を楽しむ。お金を使って社会を動かす力は、まだまだ持っているはずです。

新型コロナショックからの景気回復を図るうえでも、団塊の世代が最後の影響力を見せつけるときではないかと考えています。

「有償ボランティア」をしよう

お金を使う以外にも、社会貢献の手段はいろいろとあります。元気な団塊の世代にぜひチャレンジしていただきたいのが「ボランティア」です。

日本ではボランティアというと、基本的には「無償奉仕」というイメージがあります。ただ、交通費や必要な道具を揃えるなどして持ち出しを続けていると、家計にも響きますし、意欲も続かなくなります。せめて交通費と弁当代くらいは出る「有償ボランティア」が望ましいでしょう。

ボランティアに取り組む第1のメリットは、他人から喜んでもらえる感動を得られるということです。人に助けてもらいがちな高齢者にとって、社会や他人に貢献することで自分の存在意義を確認し、生きがいを得る機会となります。

また、ボランティアをすると、自然と外に出て体を動かす機会も増えます。体を適度に動かせば健康維持や認知症予防も期待できるので、いいことずくめです。

高齢者によるボランティアとしては、公園や道路を清掃したり、地域のお祭りの運営に携わったりする地域貢献がおなじみです。

現役時代に教職にあった人は、近所の人たちに英語を教えるとか、インバウンド（訪日外国人）のガイドをするなどのボランティアができそうです。医療に携わってきた人なら、高齢者の悩みに応えるカウンセリングができるでしょう。

人的資源が不足している分野で社会貢献を考えるなら、介護施設でボランティアをする方法があります。

１７５ページでもお話ししたように、介護の現場では人材不足が顕著となっています。資格がなくても介護施設や老人ホームで、忙しいスタッフの補助的な作業をする介護ボランティアがあります。囲碁や将棋が好きな人は、趣味や特技を活かしつつ、介護者とコミュニケーションを図ることもできるでしょう。ボランティアの経験を通じて「こういうふうに伝えれば介護してくれる人に伝わるのか」といった発見も得られます。

将来、自分が介護される立場になる可能性を考えれば、いい予行演習となります。もし同じ介護施設でお世話になることになったら、顔見知りのスタッフがいるので安心です。

介護施設に直接問い合わせる以外にも、全国各地の社会福祉協議会がNPO法人などを通じてボランティアを募集していることがありますから、情報をチェックしてみましょう。

なお、2007年からは厚生労働省の認可の下に、介護支援ボランティア制度の運用が開始されました。これは地方自治体が介護支援のボランティア活動を行った高齢者（原則65歳以上）に対して、実績に応じてポイントを付与する制度です。貯まったポイントは換金して介護保険料の支払いにあてたり、介護施設などに寄付したりもできます。

また、ボランティア活動の報酬をお金ではなく地域通貨に置き換えることで、地域の人たちがお互いに助け合い経済活動を循環させる仕組みを作っている自治体もあります。興味がある方は、お住まいの市区町村に問い合わせてみてください。

とにかく人のせいにするな

最後に、団塊の世代の一人として、若い世代に何を伝え残すことができるのか。

僕が強く主張したいのは、「とにかく人のせいにするな」のひと言に集約されます。

先ほどお話ししたように、僕の世代は学生運動が盛んでしたから、ゲバ棒を持ってデモに参加する友人もいました。

僕も周りから誘われて、デモに参加した経験があります。しかし、冷静に考えて共産主義国家が理想かといえば、そんなことはありません。

デモに参加する人たちが無責任な発言を繰り返しているだけで、結局は「革命ごっこ」をしているだけだとすぐ気づきました。だから、デモには参加しなくなり、周りからは「お前はノンポリだ」などと非難されたものです。

もともと僕は、徒党を組んで何かをするのが嫌いでした。社会に対して文句ばかりいって、暴力に訴えようとするところも共感できませんでした。不満があるのなら、社会のルールの中で、改善に力を注ぐべきだと思っていたのです。

現実に関わろうともしないで、ただ「社会が悪い」「政治が悪い」と文句ばかり口にするのは、あまりに無責任です。

特に僕と同世代の高齢者が不平不満ばかり口にしている姿は、ちょっと情けなく見えてしまいます。不平不満を口にすると、どんどんマイナス思考が加速し、何を見ても文句をいわずにはいられなくなります。

もはや不平不満を口にすることが生きがいのようなもので、周囲の人からは「厄介な年寄り」扱いされるのが関の山です。

高齢者にとって必要なのは、気に入らない出来事に対して「まあ、いいか」と軽く受け流す力です。誰かのせいではなく、「自分のせいじゃないか？」と問いかけてみる姿勢が大切です。

自分のせいだと思えば、たいていのことは「オレが悪かったんだ。仕方がない、まあいいさ」と許せるようになります。

必要以上にカリカリすることもなくなります。

僕自身、そうやって他人や社会に責任を転嫁せず、自己責任で生きてきた自負があります。

好きなようにやる。でも自分で責任を取る。

そのポリシーを守ってきたので、失敗したときも、すぐに立ち直ることができたのだと考えています。

自分で決断したのに、失敗した途端に他人や社会に文句をつけるのは、あまりに身勝手です。失敗は自分で受け入れて、自分で乗り越えるしかないのです。

若い人たちには、すべては自己責任であるという前提のもとで、物事にチャレンジしてほしいと思います。

もし、頭の固いジジイが文句ばかり口にしているのを見たら、他山の石にしてほしい。「こんな人間にはなりたくない」と決意を新たにしてほしい。

心からそう思っています。

おわりに

人間、年を取ると過去の記憶が懐かしく感じられます。僕も昔を懐かしむ気持ちはよくわかります。

僕が子どもだった頃、故郷の山口県岩国市は自然が豊かであり、川でフナを捕ったり、みんなで泳いだりして楽しんだ思い出があります。

夏になると、家々の軒先から風鈴の音が聞こえてきて、たらいで水浴びをしているところに金魚売りのおじさんがやってきて……。そんなふうに、なんの憂いもなく楽しんでいた日々があったんだなー、と感慨深いものがあります。

自分の子どもと同世代の編集者と仕事をしていて、「バブルの時代はどうだったんですか？　楽しかったですか？」などと聞かれることもあります。

ひと言でいえば「狂乱の時代」であり、楽しかったのは確かです。当時は、定期預金の金利が6％という時代で、お金を持っている人は銀行や郵便局に預けておくだけでどんどんお金が増えていく状況でした。

また、不動産相場が一気に高騰したため、東京都内で一戸建てを構えている人が労せずして億万長者になる現象が続出しました。当時、一緒に仕事をしていた編集者の中にも、マンションを転売して「財テク」に励むような人がいたくらいです。

実は、僕は資料用にバブル時代の不動産のパンフレットを保管しているのですが、それを見ると、バブル期の麻布十番あたりの低層マンションの価格が10億円と表記されています。

都心部のマンションがその価格ですから、今では1500万円程度で売られている郊外のマンションにも7000万円くらいの値がついていました。

そんな不動産相場の高騰を背景に、浮かれた気分が社会に蔓延し、派手な消費行動が横行しました。

今では想像もつかないでしょうが、あの時代、編集者はタクシーチケットを束のように持ち歩き、ばらまくように使っていたのです。

よく資料映像などで、1万円札を持ってタクシーを止めようとする人の姿が紹介されるのを目にします。僕自身も当時、同じ光景を目にしました。

――とまあ、いろいろな時代を経て現在があるわけですが、「ああ、昔はよかった」なんて思いません。僕は間違いなく「今が一番いい」と思っています。

例えば、今では熱帯夜でもエアコンの効いた快適な部屋で安眠できるようになっています。暑い夜も蚊帳と扇風機でしのいでいた時代から考えると隔世の感があります。

僕は若い頃、腕時計で通話できたり買い物ができたりするストーリーのSF漫画を描いたこともあるのですが、アップルウォッチの登場でそれが現実のものとなりました。

今はドローンも年々進化していますから、そのうちタケコプターのような個人移動用のドローンも一般に普及しそうです。

東京の街並みも驚異的なスピードで変化しています。２０００年代からオフィスビルの建て替えが進み、丸の内、汐留、豊洲などの光景は一変しました。コロナ禍により延期となった１９６４年以来となる東京オリンピックを控え、１００年に一度といわれる大規模な開発が進んだ渋谷などは、もはや僕が記憶する街とはまるで別物になってしまいました。これからどのように変化していくのか、楽しみながら注目しています。

僕の好きな言葉の一つに「諸行無常」があります。時代は移りゆくものであり、否応なしに変化していくものです。

だったら、失うものを悲しむばかりでなく、5年後、10年後、どんな世の中が待っているかを楽しみに生きたほうがいいと思っています。

同世代のみなさん、変化を受け止めながら上機嫌に人生を味わい尽くしましょう。

２０２０年10月

弘兼憲史

［著者］
弘兼憲史（ひろかね・けんし）
1947年山口県生まれ。早稲田大学法学部卒業後、70年に松下電器産業株式会社（現パナソニック株式会社）入社。漫画家として独立するため73年退社、74年『風薫る』で漫画家デビュー。85年『人間交差点』で第30回小学館漫画賞、91年『課長島耕作』で第15回講談社漫画賞、2000年『黄昏流星群』で文化庁メディア芸術祭マンガ部門優秀賞、03年日本漫画家協会賞大賞受賞。07年紫綬褒章受章。サラリーマン経験と磨き抜かれた人間観察力をもとに、さまざまな人間模様を描き、次々とヒット作を生み出している。中高年の生き方に関する著作も多く、団塊の世代を中心に熱い支持を得ている。

死ぬまで上機嫌。

2020年11月17日　第1刷発行

著　者——弘兼憲史
発行所——ダイヤモンド社
〒150-8409　東京都渋谷区神宮前6-12-17
https://www.diamond.co.jp/
電話／03･5778･7233（編集）　03･5778･7240（販売）
ブックデザイン —三森健太（JUNGLE）
編集協力——渡辺稔大
校正————鷗来堂
製作進行——ダイヤモンド・グラフィック社
印刷————三松堂
製本————ブックアート
編集担当——斎藤順

ISBN 978-4-478-10967-0